UGUF 매일이 반짝반짝

UGUF 매일이 반짝반짝

아기와 나, 한 뼘씩 자란 500일

박은희 지음

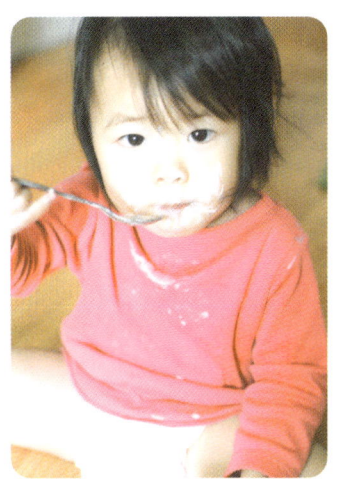

앨리스

Prologue

나는 살면서 일어나는 모든 일은 그저 우연이 아니라
정해진 수순에 의해 생긴다고 믿는 운명론자다.
그래서 종종 재미삼아 점을 보러 가기도 한다.

언젠가는 용한 점쟁이라는 이가 나는 장차 아들을 둘 낳을 거라고
말한 적이 있다. 아이에게 관심이 별로 없던 시기라 어쩐지
뜨악한 기분이 들어 우리 집에 있는 수고양이 두 녀석을
이르는 말이겠거니 하고 넘기고 말았다.

결혼을 하고 5년이 흘렀다.
사람들은 왜 우리가 아이를 낳지 않는지 점점 궁금해 했다.
대답이 궁했다. 그래서 한번 곰곰이 생각해보았다.
그런데 아이가 없어도 괜찮은 이유는 수십 가지가 넘는데,
반드시 아이가 있어야 할 이유는 딱히 떠오르지 않았다.

도인 행세하길 좋아하는 지인이 어느 날 내게 말했다.
자식이 없는 사람은 이 생에 갚아야 할 업보가 없는 사람이라고.
난 그 이야기가 무척이나 매력적으로 느껴졌다.
그런데 그 말을 듣고 얼마 지나지 않아서
그만 덜컥, 아기가 들어서고 말았다.
'큰일 났다. 이제 어쩌지…'

Contents

UGUF 매일이 반짝반짝

Prologue: Hello, baby	004	dec 16 출근하는 그를 위한 일품요리	072
		dec 20 지유 쇼콜라 봉봉	074

아기와 나, 한 뼘씩 자란 500일

jun 30 두 사람에서 세 사람으로	010	note 06 생후 7개월 (issue) 뒤집기 폭풍	078
jul 02 어느 별에서 왔니?	012	jan 03 지유는 봉봉을 귀찮게 해	080
jul 04 산후우울증 1	014	jan 05 일과 아기	082
jul 07 산후우울증 2	016	jan 07 배꼽 친구	084
jul 11 모두, 아이는 어떻게 키우나요?	018	jan 21 엄마, 어디 갔어요?	086
jul 16 육아용품 쇼핑에 빠지다	020	jan 22 딸내미 옷 고르는 재미	088
jul 24 마음이 담긴 선물	022	feb 13 짧고 달콤한 오후	090
		feb 16 중기 이유식 만들기	092
note 01 생후 1개월 (issue) 영아산통	024	feb 21 핑거 푸드 놀이	096
aug 14 아기와의 외출 로망	028	feb 28 기어다니는 기쁨	098
aug 22 제발, 잠 좀 자자	030	feb 18 반짝이는 모험가	100
aug 25 엄마 마음, 아빠 마음	032	mar 16 쇼콜라 봉봉 가출 사건	104
note 02 생후 2개월 (issue) 교감의 시작	036	note 07 생후 9개월 (issue) 호기심 대마왕	106
sep 03 행복한 엄마가 되는 법	038	apr 07 지유 방 꾸미기	110
sep 07 모빌과 그림책 친구	042	apr 21 혼자 떠난 일본 여행	112
		apr 22 아기 물건 쇼핑 삼매경	114
note 03 생후 3개월 (issue) 가족의 일원	046	apr 24 엄마의 작업실	116
sep 14 부부만의 카페 나들이	050		
oct 16 남편을 위한 아침식사	054	note 08 생후 11개월 (issue) 고집쟁이	122
		may 03 난 이제 더 이상 아기가 아니에요	124
note 04 생후 4개월 (issue) 드디어 백일!	058	may 08 아이의 세상에서 보낸 한 철	126
nov 08 이유식을 시작하다	062	may 15 치카치카 이 닦기	132
		may 13 지유의 첫번째 방	134
note 05 생후 5개월 (issue) 분리불안	064	may 25 오늘은 뭘 갖고 놀까	138
dec 06 아기 엄마들과의 수다	068		

note 09	생후 12개월 [issue] 소통의 재미	140	nov 05	지유는 천재?	200
jun 03	밥 먹이기 전쟁	142			
jun 08	1년의 기록, 성장앨범	144	note 13	생후 17개월 [issue] 눈부신 성장	202
jun 11	고무 젖꼭지 떼기	148	nov 09	아빠와 딸	204
jun 15	엄마의 재봉틀	150	nov 13	숟가락도 쑥쑥 자라요	206
jun 28	여름엔 피클	154	nov 15	토요일 아침의 주방놀이	208
jun 29	조촐한 첫돌 파티	156	nov 20	천천히, 숨 고르기	210

note 10	생후 13개월 [issue] 유아기 시작!	158	Epilogue: To be continued	212
jul 04	시간의 진공포장, 타임 캡슐	160		
jul 06	내 맘대로 고기감자조림	162	**엄마에겐 취미가 필요해!**	
jul 10	담요 없인 못 살아	164	머리핀 수집	026
jul 12	사촌언니들과 사랑에 빠졌어요	166	체크무늬 곰 인형	034
jul 20	그림책 읽어주기	170	꽃무늬 토끼 인형	040
aug 15	가족 여행을 떠나다	172	조커 토끼 인형	044
aug 17	생애 최초로 만난 바다	174	파란 눈의 토끼 인형	052
aug 18	바람과 차 한 잔	176	발도로프 인형	056
aug 21	그림책의 힘	178	패치워크 무릎 담요	060
			머플러 토끼 인형	070
note 11	생후 14개월 [issue] 아빠? 아빠!	180	강아지 인형	076
sep 01	세 식구의 동네 산책	182	테이블 클로스	094
sep 09	이유식 완료기	184	딸랑이 인형	102
sep 14	아가, 어디 가니?	186	작업 테이블	118
sep 21	순수한 아이의 웃음소리	188	티슈 케이스	128
oct 12	어금니와 함께한 도약	192	와인 박스와 슈즈랙	130
			테이블 매트	152

note 12	생후 16개월 [issue] 꼬마 과학자	194		
oct 23	옹알옹알 말 배우기	196	Thanks to	215
nov 02	지유 관찰기	198		

jun 30 두 사람에서 세 사람으로

2007년 6월 30일 오후 5시 34분.
조금 전까지만 해도 눈앞에 존재하지 않던 한 아이가 태어났다.
세상에 이처럼 경이롭고 놀라운 일이 또 있을까.
가슴이 마구 벅차오르고 주체할 수 없이 감격스럽다.

UG의 부축을 받아 간신히 몸을 일으켜 세우고
신생아실로 아기를 보러 갔다. 힘겨운 발걸음을 내딛는데,
주위가 눈이 부실 만큼 온통 환한 빛으로 가득하다.
마치 새로운 세상에 온 것 같다.
전쟁터에서 살아 돌아온 영웅까지는 아니더라도
가슴에 작고 빛나는 훈장 하나쯤 단 기분이다.
나도 이제 엄마가 된 것이다.

그런데 참 이상도 하지.
창 너머로 바라본 아기의 얼굴이 무척 낯설다.
얼마나 오랫동안 이 순간을 기다려왔는데….
처음이라서일까, 뭐라 말을 건네야 좋을지 어색하기만 하다.

저 아이가 내 안에 있었다고 생각하니
정말이지 기분이 묘하다.

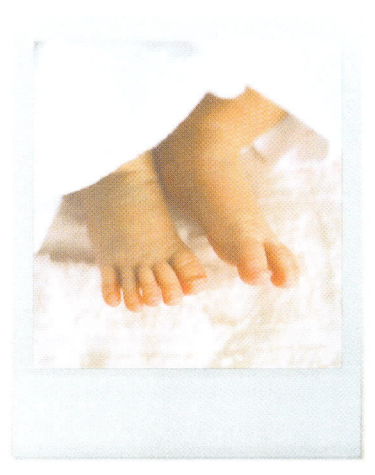

jul 02   어느 별에서 왔니?

아기와 함께 병원에서 집으로 돌아온 직후, 비로소 우린 깨달았다. 평온하게 잠만 자는 신생아의 모습은 영화나 TV가 만들어낸 환상에 불과하다는 걸. 상상과 현실은 전혀 다르다.

아기가 깨어나 '응애~응애~' 하며 큰소리로 울 때마다 UG와 나는 기저귀가 젖었나 들춰보고, 혹시 배가 고픈가 젖도 물려보고, 이것도 저것도 아니라면 도대체 뭘 어떻게 해야 할지 몰라 쩔쩔맨다. 자신감은 온데간데 없이 사라졌다. 이 아이가 뭘 원하는지 도통 알 수가 없어 번번히 허둥댄다. 완전히 바보가 된 기분이다. 생소한 일이 끊임없이 이어지고, 아기는 도무지 느긋하게 생각하고 대처할 틈을 주지 않는다.

오늘 아기를 처음으로 목욕시켰다. 갓난 아기의 몸을 관찰해보긴 난생 처음이다. 원숭이처럼 등이며 어깨, 심지어 귓속까지 온통 새까만 솜털로 뒤덮여 있고, 미완성된 생식기는 뭔가 사람의 것 같지 않은 게 기묘하다. 탯줄을 잘라낸 후 아물지 않은 배꼽에서는 노란 진물도 흘러나온다. 소독도 하고 바짝 말려줘야 하는데, 아기가 당장이라도 세상이 끝날 것처럼 울어대니 정신이 하나도 없다.

그런데 물로만 씻겨서일까. 향긋할 줄 알았는데 웬걸, 아기 머리와 몸에선 비릿한 곱창 냄새가 난다. 종일 기저귀를 갈았더니 식욕도 사라진다.

jul 04　산후우울증 1

잠시도 마음 편히 쉴 틈이 없다. '아기 키우는 게 장난이 아니구나' 라는 말이 입버릇처럼 절로 새어 나온다. 안락한 공간이었던 집은 어느새 극기훈련장이 된 지 오래고 우린 24시간 내내 5분 대기조가 되어 '기저귀 갈아라' '배고프다' '졸립다' '안아 달라' 는 아기의 요구를 일방적으로 들어주고만 있다. 어쩐지 노예가 된 기분이다. 때때로 속에서 뭔가 울컥하고 치밀어 오른다.
UG는 눈에 띄게 말수가 줄었다. 종일 어디론가 도망가고 싶다는 표정이다. UG도 나도 이런 상태가 언제까지 지속될지 알 수 없어 두렵기만 하다.
이제는 전처럼 TV 볼륨을 크게 올릴 수도 없고, 원하는 시간에 밥을 먹을 수도, 실컷 잠을 잘 수도 없다. 모든 익숙한 습관들을 하루아침에 버려야만 하는, 받아들이기 힘든 현실이 눈앞에 버티고 있다.
낮 동안 안방 침대는 늘 쇼콜라와 봉봉 차지였다. 영문도 모르고 갑자기 보금자리를 빼앗긴 녀석들도 당혹스럽긴 마찬가지인 모양이다. 그렇다. 지금 우리는 모두 패닉 상태에 빠져 있다.

쇼콜라 & 봉봉

우리 침대 돌려줘~ TT

jul 07 산후우울증 2

홍합을 넣어 푹 끓인 미역국을 나는 세상에서 가장 좋아한다. 아니, 좋아했다.
출산 후 열흘 가까이 줄곧 미역국만 먹었더니, 이젠 냄새만 맡아도 속이 울렁거린다.
시어머님이 잠시 볼일을 보러 나가신 사이, 국을 버리고 몰래 씨리얼에 우유를 부어 먹었다.

거울을 들여다보니 몰골이 말이 아니다. 분장 없이도 이미 훌륭한 공포 영화다.
눈은 퀭하니 쑥 꺼지고 몸은 탱탱 부었다. 어디 한 곳도 안 쑤시는 데가 없고, 앉았다 일어서면
핑 돌기까지 한다. 칫솔을 들 기운조차 없다. 이러다가 중병이 드는 건 아닐까 하고
뜬금없는 불안이 밀려온다.

몸에선 젖비린내가 풍긴다. 옷을 갈아입어도 아기가 금세 우유를 토해놓아 아무 소용이 없다.
이 출렁출렁한 배는 대체 언제쯤 꺼지려나. 배에 물풍선을 두른 기분이다.
체내에 쌓인 수분이 배출되느라 가만히 있어도 비지땀이 쉴 새 없이 흐른다.
오늘 하루 사이에만 몸무게가 무려 2킬로그램이나 빠졌다. 하도 믿기지가 않아 저울 바늘을
한참 들여다봤다. 이대로 간다면 체중을 어떻게 뺄지 따로 고민할 필요도 없을 것 같다.
최악이다.

UG의 출산 휴가가 오늘로 끝이 난다. 손꼽아보니 분만에서 산후 조리까지 꼬박 열흘이다.
UG는 빨래와 설거지, 온갖 잔심부름에도 싫은 내색 한번 비치지 않았다. 정말 대견하다.

"나 말야." 음식물 쓰레기를 버리고 돌아온 UG에게 먼저 말을 건넸다.
"진통이 허리로 오지만 않았어도 진짜 소리 한 번 안 지르고 우아하게 낳을 수 있었는데, 참 나."
"뭐? 우아?" UG가 손을 씻다가 멈칫하더니 말을 되받았다.
"그 상황에 '우아'라는 표현이 적절하다고 생각해?"
UG는 어이가 없다는 듯 말을 내뱉더니 성큼성큼 다가와 식탁 앞에 마주 앉아 턱을 살짝
앞으로 내밀더니, 이렇게 말했다. "그때 상황은 거의 호러 무비였지."
"아니다. 동물의 왕국은 어때? 이 표현이 더 정확하지? 헤헤."
UG는 내가 동의하길 바라는 눈빛을 보내며 헤벌쭉 웃었다.
"……."
평소 같았으면 박장대소를 했을 것이다. 그런데 이상하게 화가 치밀어 올랐다.
저게 감히.
아비규환이던 당시 상황이 주마등처럼 지나갔다.

내가 아무런 반응도 보이지 않자, UG는 어리둥절한 표정을 짓더니 이내 당황했다.
내 눈에서 눈물이 주르륵 흘러내린 것이다.
'어머 뭐야 이거. 나 왜 이래' 하고 속으로 외쳐봐도 몸이 말을 듣지 않았다.
무어라 말할 수 없이 서글픈 감정이 폭풍처럼 일면서 수도꼭지라도 틀어놓은 듯
눈물이 걷잡을 수 없이 흘러나왔다.
정말이지, 최악이다.

jul 11   모두, 아이는 어떻게 키우나요?

같은 아파트 단지에 사는 시어머님이 늦둥이 손녀를 봐주러 매일 집에 오신다. 이른 아침부터 늦은 오후까지 아기를 품에 꼭 안고 우유도 먹여주고, 잠도 재워주고, 때 되면 기저귀도 갈아주고, 목욕도 시켜주신다. 내겐 구세주나 다름없지만 한편으론 서운하다. 어머님을 비롯해 온 집안 식구들의 관심은 오직 아기에게만 쏠려 있고 설명할 길이 없는 우울함에 빠져 허우적거리고 있는 날 진심으로 위로해주는 사람은 아무도 없다는 생각이 들어서다.

오늘도 어머님이 챙겨주신 반찬과 국으로 후다닥 밥을 차려 먹은 후, 밀린 집안일을 빛의 속도로 해치우고 재빨리 컴퓨터 앞에 붙어 앉는다. 육아 카페에 들어가 나와 비슷한 경험이 있는 엄마들의 이야기를 들어보기 위해서다. 출산 전보다 훨씬 더 많은 시간을 컴퓨터 앞에서 보내는 것 같다. 유일한 내 위안이다. 금세 집중력이 떨어지고 졸음이 쏟아져 눈꺼풀이 내려앉지만 심리적 부담감 때문에 맘 편히 쉴 수가 없다. 하나부터 열까지 모르는 것들뿐이니 조바심이 나서 견딜 수가 없는 것이다. 지금의 나로선 세상 엄마들이 어떻게 아기를 키워내는지 그저 놀랍고 신기할 따름이다.

최근 육아 방식은 예전과는 많이 달라졌다. 매우 과학적인 정보들이 넘쳐난다. 아기를 돌본 경험이 없는 나로선 부모님이나 친구들의 제각기 다른 조언을 들으면 대체 누구 말이 맞는지 모르겠다. 임신을 하고부터 지금까지도 줄곧 상식을 뒤엎는 새로운 이론들 때문에 많이 혼란스럽다. 백과사전만큼 두꺼운 육아책 속에는 성장 발달에 관한 원론적인 이야기가 대부분일 뿐더러 신생아 패혈증이라던가 배꼽 탈장 같은 초보 엄마를 겁먹게 만드는 단어들 투성이다. 지금 내가 가장 궁금한 건 우는 아기를 쉽게 달래는 방법이다. 잠시라도 우는 아기를 보면 어디가 아픈 건 아닐까 걱정이 되고 내가 정말 형편없는 엄마인 것 같아 마음이 찢어진다. 오늘도 숱한 의문과 깨달음이 내 머릿속을 오간다.

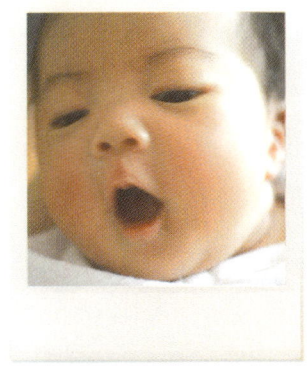
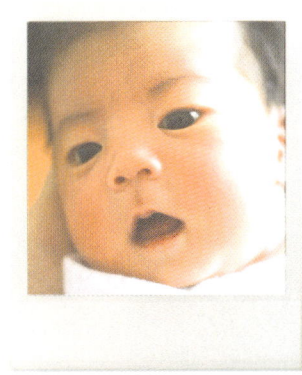
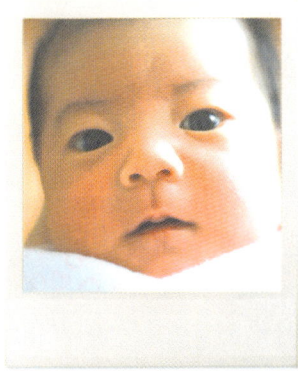
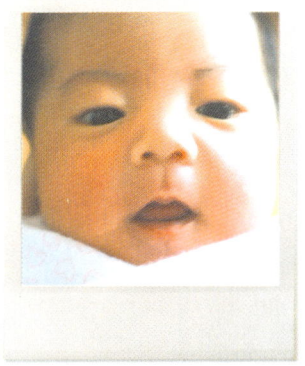

이지유. 드디어 아기에게 이름이 생겼다.
우리 부부는 외국에서 살았던 경험 때문에
아이를 낳게 되면 꼭 받침 없는 이름을 지어주고 싶었다.
나는 지유가 성별과 상관없이 아름다운
한 인간으로 자라줬으면 하는 바람이다.

jul 16   육아용품 쇼핑에 빠지다

a. 아비노 베이비 로션: 수분 함유량이 높은 오트밀 성분으로 건조한 피부에 특히 좋으며 가격도 저렴하다. 캐나다에 살 때 즐겨 사용하던 브랜드. b. 베이비 바세린: 가정 상비용으로 찬바람 부는 계절에 손이나 무릎, 발등, 볼 같은 곳에 발라주면 까칠해진 피부가 촉촉해진다. 베이비 바세린은 일반 바세린보다 순하고 대용량이라 경제적이다. c. 버츠비 기저귀 발진 크림: 버츠비의 모든 제품은 벌꿀이 주원료로 자연 친화적인 게 특징. d. 피죤 안전 손톱가위. e. 버츠비 상처 치유 연고: 손톱에 긁힌 상처나 멍, 가벼운 찰과상에 발라준다. f. 유소아용 해열제. g. 베쎄 젖병 세정제. h. 브라운 귀 체온계. i. 무스텔라 헤어 앤 바디 워시: 프랑스 제약회사 제품으로 보습력도 높고 향이 독특하다.

UG와 지유가 잠든 새벽, 나는 오늘도 조용히 컴퓨터를 키고 아기용품을 사기 위해 여기저기 기웃거린다. 물건을 고르고 있노라면 그때만큼은 눈에서 초롱초롱 빛이 난다. 피로도 온데간데 없이 사라진다. 일단 새로운 흥밋거리를 발견하면 끝장을 볼 때까지 멈출 수 없는 성격 탓이다. 아기를 돌보는 일은 힘들어도 육아용품을 구입하는 일은 즐겁다. 수집욕이 살아나니 인생이 다시 즐거워졌다고나 할까. 산후우울증 따위 이 순간만큼은 안녕이다.

두루두루 살펴보니 역시 백화점에서 파는 국내 육아용품은 품질에 비해 가격거품이 심한 편이다. 백화점이나 대형마트를 통해 국내에 유통되고 있는 육아용품 대부분이 일본이나 미국, 유럽의 수입 브랜드라는 걸 알고부터 나는 모든 육아용품을 인터넷에서 구입하기 시작했다. 오프라인보다 배 가까이 저렴한 경우도 있고, 제품의 종류도 훨씬 다양하니 마다할 이유가 없다.

온라인에서 물건을 사려면 공이 많이 든다. 사소한 물건 하나를 고를 때에도 휴대전화기 매뉴얼을 통째로 읽는 만큼의 에너지가 소비될 때도 있다. 검색을 꼼꼼히 할수록 더 좋은 물건이 나타나고, 가격도 비교해야 하니 시간도 많이 걸린다. 대신 상식의 범위가 넓어진다. 친환경이니 유기농이니 하는 것들에 관심이 높아지기도 한다. 미국 제품은 실용적이어서 좋고 유럽 제품은 허영심을 자극한다. 아기가 쓸 물건에도 나의 취향이 고스란히 반영되는 것이다. 뭐든지 예뻐야 한다.

물건을 하나 주문하고 나면 기다리는 동안 기분이 참 좋다. 작고 값싼 물건 하나도 문앞까지 배달해주니 외출이 자유롭지 못한 나에겐 이보다 더 큰 기쁨이 또 어디 있으랴. 어제는 하루에 서너 차례나 택배 아저씨가 들락거려 현관 입구에 박스가 수북이 쌓였는데, 크리스마스 선물이라도 받은 것처럼 마음이 뿌듯하기 그지없었다.

jul 24 마음이 담긴 선물

이케아(IKEA) 쇼핑몰에서 구매 대행으로 아기 침대를 구입했다. 비용이 부담스러워 망설였는데, 아버지가 사주신다기에 염치 불구하고 받았다. 아기 침대는 사용 기간도 짧고 공간을 많이 차지해서 출산용품에서 제외해둔 품목이었지만, 아기를 가운데 두고 칼잠을 자려니 이만저만 불편한 게 아닌지라 더는 참기가 힘들었다.

이케아 가구는 조립하는 재미가 쏠쏠하다. 부피가 크고 구조가 복잡할수록 더욱 그렇다. 설명서의 그림대로 볼트를 끼워 맞추고 나사를 조이고, 점점 형태를 갖추어가는 모습을 보면 묘한 쾌감이 생긴다. 누가 이런 것 좀 조립해 달라면 어디라도 한걸음에 달려갈 텐데.

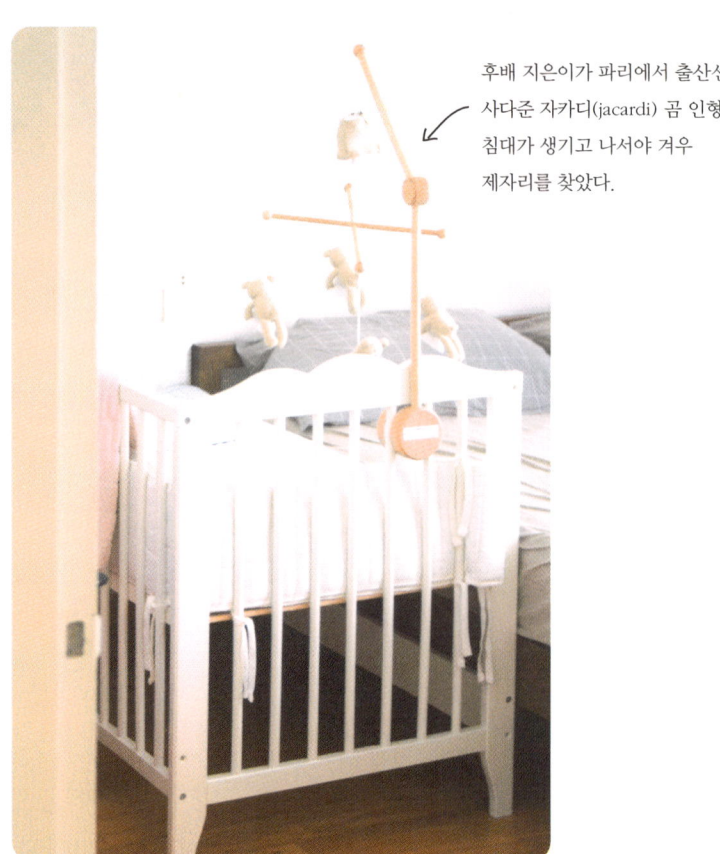

후배 지은이가 파리에서 출산선물로 사다준 자카디(jacardi) 곰 인형 모빌. 침대가 생기고 나서야 겨우 제자리를 찾았다.

지유가 태어나기 전 내가 손수 만든
인형들(유기농 면으로 만든 토끼 인형과
딸랑이, 패치워크 곰돌이)도 침대 위,
아기 머리맡에 가지런히 놓았다.

> Chère Eun-hee ♥ ♥
> Salut! Tu vas bien? et ton bébé :) ?
> J'ai vu ton blog et les photos d'elle.
> Elle est trop mignone ♡ Comment elle s'appelle!
> J'ai choisi les cadeaux pour elle.
> Je les ai cherché partout.
> Ça vous a plu? J'espère...
> A propos, tu as fait le nouveau livre?
> Génial! C'est toujours mon plaisir de
> regarder ta vie quotidienne par tes photos.
> un peu de
> Bon continuation! Ciao! また ね!!
> ♥ ♥ ♥ Avec toutes mes félicitations... Chihiro

일본인 친구 치히로에게서 소포가 왔다. 특별한 아기 선물을 고르려고 이곳저곳 뒤지고 다녔단다.

고양이버스 딸랑이. 　 땡땡이 무늬 턱받이. 　 여름용 아기 덧신.

note 01 **생후 1개월**
〔issue〕 영아산통

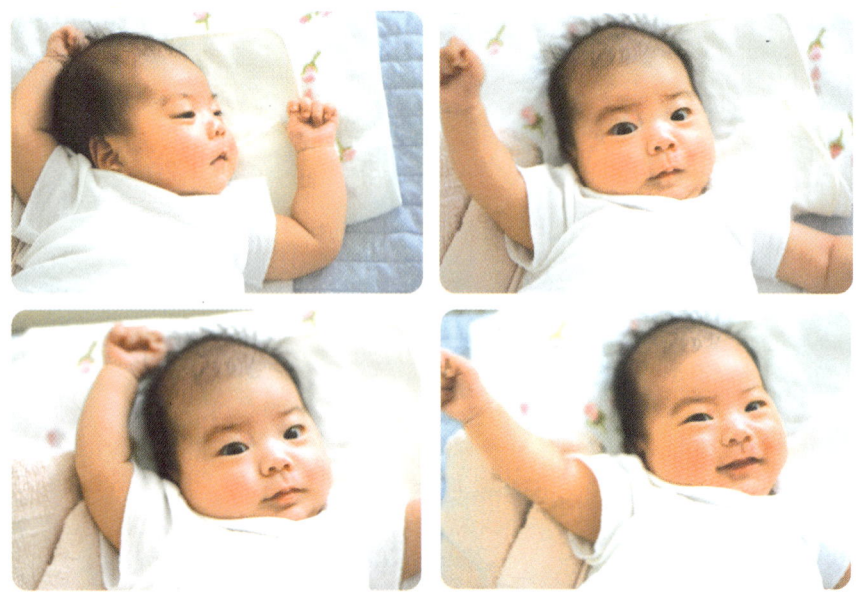

- 대략 4센티미터쯤 키가 자랐다. 살이 포동포동 올라 이제야 좀 아기답게 귀엽다.
- 속싸개를 풀어놓으면 팔다리가 제멋대로 버둥거린다.
- 목은 가누지 못하지만 고개를 옆으로 돌리는 것 정도는 할 수 있다.
- 엄마가 움직이는 대로 눈이 천천히 따라온다.
- 눈이 마주치면 웃기도 하는데, 아직은 그게 배냇짓인지 진짜 웃음인지 헷갈린다.
- 여전히 모든 의사표현을 울음으로 하지만, 가끔씩 짧게 '우우' 소리도 낸다.
- 머리를 자꾸 한쪽 방향으로 두고 잔다. 그대로 두면 머리뼈가 물렁해서 머리 모양이 찌그러져 종종 자세를 바꿔줘야 한다.
- 오줌을 싸면 깜짝 놀라 울고, 기저귀를 갈아주면 몸을 건드리는 게 싫다는 듯 운다.
- 응가 할 때는 얼굴이 시뻘게지도록 온몸에 힘을 준다. 똥 누는 법을 아직 잘 모르는 것 같다.
- 갓 태어났을 때에는 진공 청소기 소리에도 잘 잤는데, 이젠 조그만 소리에도 깜짝깜짝 놀란다.

지유가 일주일째 영아산통(疝痛)을 앓고 있다. 영아산통은 흔히 콜릭(Colic)이라고도 부르는데, 이것이 찾아오면 아무리 달래도 아기가 울음을 그치지 않는다. 장 속에 가스가 찼거나 혹은 장의 과잉 활동이나 음식물의 소화 장애로 인한 복통 등 원인은 여러 가지로 추측되는데, 이런 증상이 왜 생기는지는 아직 의사들도 정확히 모르는 것 같다. 보통 태어난 지 2주쯤부터 울기 시작해 6주쯤 가장 심해지다가 3~4개월에 이르면 저절로 사라진다. 신생아 다섯 명 중 한 명꼴로 앓는다는데, 지유가 바로 그런 경우인 것이다.

지유는 낮엔 멀쩡하다가 희한하게도 오후 5시 30분만 되면 어김없이 울음을 터뜨린다. 나아지는 데 도움이 된다고 해서 트림도 많이 시키고 틈날 때마다 열심히 배마사지를 해봐도 늘 같은 시간이 되면 어김없이 울어댄다. 이때 내지르는 울음 소리는 배가 고프거나 뭔가를 요구하느라 보챌 때의 칭얼거림과는 차원이 다르다. 울음 소리가 고함을 지르듯 매우 날카롭다. 목소리도 웬만한 어른 못지 않게 크다. 그 소리를 듣고 있노라면 정신이 혼미해지고 안절부절못하게 된다.

그럴 때면 아기가 진정될 때까지 안고 흔들어주고, 배도 문질러주고, 때론 바깥바람도 쐬어주고, 청소기 소음도 들려준다. 별별 방법을 다 써봐도 소용이 없을 땐 잠시 혼자 두기도 한다. 스스로 울음을 멈추기 전까지는 더는 뾰족한 방법이 없다. 어떻게 이렇게 작은 아기가 30분도 넘게 비명을 지르며 울 수 있는지, 그런 기운이 대체 어디서 나오는지 의아한 생각도 든다.

지유가 울면 쇼콜라와 봉봉은 주변을 맴돌며 안절부절못한다. 특히 스트레스에 민감한 쇼콜라는 귀와 눈꼬리가 치켜 올라가고 온몸의 털이 쭈뼛 곤두서는데, 결국 우려하던 일이 벌어지고 말았다. 신경이 날카롭게 곤두선 쇼콜라가 '그 입 좀 다물라'라는 의미로 앞발로 아기의 뒤통수를 냅다 후려친 것이다. 두말할 것도 없이 지유는 자지러지게 울음을 터뜨렸고 난 화가 머리끝까지 나서 쇼콜라를 잡으러 이리저리 쫓아다니느라 한바탕 전쟁을 치렀다. 머리가 멍한 게 기운이 하나도 없다.

❀ 머리핀 수집

남대문 도깨비 시장에서 구입한 웰리스(Weles) 왕방울 머리끈.

동대문 종합시장의 부자재 매장에서 구입한 손뜨개 꽃잎. 유아용 똑딱핀에 글루건으로 붙여주면 동절기 포인트 아이템으로 그만일 듯.

핑키(Pinky) 유아용 머리핀.

웰리스 머리핀.

실리콘이라 머리카락이 엉킬 염려가 없는 구디(goody) 머리끈.

임신 8개월 무렵이었나, 우연찮게 아기가 여자아이라는 사실을 알게 됐다. 처음엔 이유도 없이 뭔가 서운하더니 그것도 잠시뿐, 이후 예쁜 머리핀이 눈에 띄면 주저 않고 사들이는 습관이 생겼다. 아이를 앞에 앉히고 곱게 머리를 빗어 묶어주는 상상을 하면서 말이다. 도쿄 변두리 작은 제과점에서 구입한 밀크 캐러멜 깡통에는 그렇게 모은, 아기가 몇 년을 쓰고도 남을 머리핀과 머리끈이 한가득 담겨 있다.

aug 14   아기와의 외출 로망

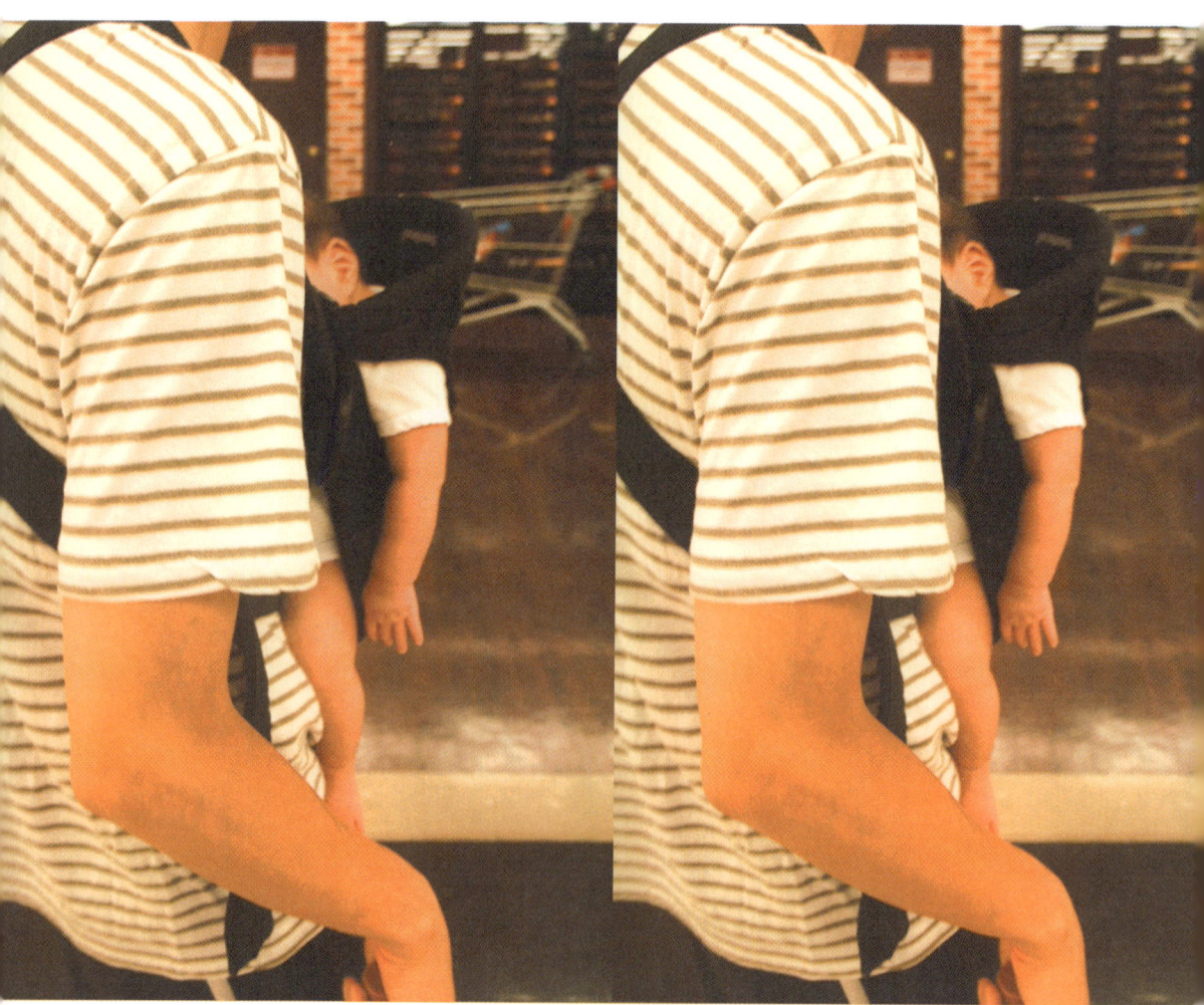

맥주랑 와인 생각이 너무 간절해 오랜만에 UG와 대형 할인마트로 향했다. 설명서를 펼쳐놓고 UG를 상대로 아기띠를 맸다 풀었다 하며 몇 차례 실험 끝에 겨우 아기띠를 착용하는 데 성공했다. 그런데 어쩐지 기대했던 느낌과는 많이 다르다는 생각이 들면서 맥이 확 풀렸다.

아기를 낳기 전, 동네에서 유모차를 밀고 다니거나 아기띠를 매고 외출한 엄마들을 볼 때마다 나도 곧 저런 걸 해볼 수 있겠구나 싶어 마음이 설레었다. 내 눈엔 그게 마치 아기 엄마만이 누릴 수 있는 특권처럼 보인 것이다. 아기와 함께라면 백화점의 유아 휴게실에도 들어가볼 수도 있고 공중 화장실에서 기저귀 교환대도 써볼 수 있겠구나 하는 살짝 실없는 로망에 마음이 부풀어 올랐다. 이제껏 해보지 못한 경험이라 몹시 재미날 것 같았다. 그래서 새 차를 구입하는 것과 같은 심정으로 몇 달을 고민하고 꼼꼼히 따져가며 나에게 어울릴 만한 유모차와 아기띠를 골랐던 것이다. 그런데 그런 나의 로망은 집을 나서기도 전에 물거품처럼 사그라들었다.

일단 아직 몸이 성치 않아 그런지 아기가 너무 무겁게 느껴졌다. 허리가 휘청거려 황급히 아기띠를 풀러 UG에게 둘러매주고 대신 가방을 손에 들었다. 짧은 외출이지만 혹시 몰라 젖병에다 기저귀, 거즈 손수건, 에어컨 바람이 강할까봐 얇은 담요까지 챙겨 넣었더니 짐이 한보따리다. 맵시 있게 차려 입어도 기저귀 가방 때문에 폼이 전혀 살지 않는다. 꼭 응급차 구조요원의 구급함 상자처럼 볼품없고 생뚱맞기 짝이 없다.
마트에서 UG가 와인을 고르는 동안 나는 여유롭고 근사한 모습으로 물건을 고르고 있는 다른 엄마들을 유심히 살폈다. 내가 모르는 어떤 노하우가 있는 게 분명할 텐데. 그것이 알고 싶다!

aug 22 제발, 잠 좀 자자

요즘은 아기가 자는 모습을 볼 때마다 문득 세상에 태어나기 전에 이 아이는 어디에 있었을까, 왜 우리에게 온 걸까 하는 철학적인 생각에 빠져들곤 한다.

지유의 잠투정이 부쩍 늘었다. 처음에는 할머니가 안아 재워 버릇해서 손이 탄 게 아닐까 하고 걱정했는데, 알고 보니 엄마 몸에서 받아 나온 잠 호르몬이 바닥나서였다. 이제부터 스스로 잠드는 법을 터득해야 하지만, 곰곰이 따져보면 세상에 태어난 지 두 달도 채 되지 않은 아기가 하루아침에 그런 기술을 터득할 리 만무하다.

지유는 하루에 네댓 번 낮잠을 잔다. 등을 대고 누워서 자면 좋으련만 잠들 때까지 안고 걷거나 흔들어 줘야 한다. 한 번 재우는 데 보통 20분 이상 걸리는데, 얕은 잠을 자다 깨어나면 그때마다 최소 20분 이상 다시 안아 재워야 한다. 그러다 보니 종일 아이를 품에 안고 있는 기분이 든다. 오후에 들어서면 인내심이 서서히 바닥을 친다. 요 며칠간은 정말이지 팔이 떨어져나갈 것처럼 아프다. 아기가 잠든 걸 확인하고 맥이 풀려 화장실 변기 위에 앉아 있는데, 갑자기 눈물이 핑 돌았다. 아기가 깰까봐 크게 소리 내 울지도 못했다. 왜 이렇게 서러운 걸까.

아기가 덜 깨고 덜 우는 최선의 방법은 자는 동안 품에 안고 있는 것이지만 할 일이 많은 엄마는 그럴 수 없다. 오늘은 엎어서 재워봤지만, 수시로 들여다봐야 해서 이 방법 역시 불합격. 지유야, 어떻게 해야 푹 잘 수 있겠니? 물론, 아기는 말이 없다. 그저 될 때까지 찾아 헤매는 수밖에.

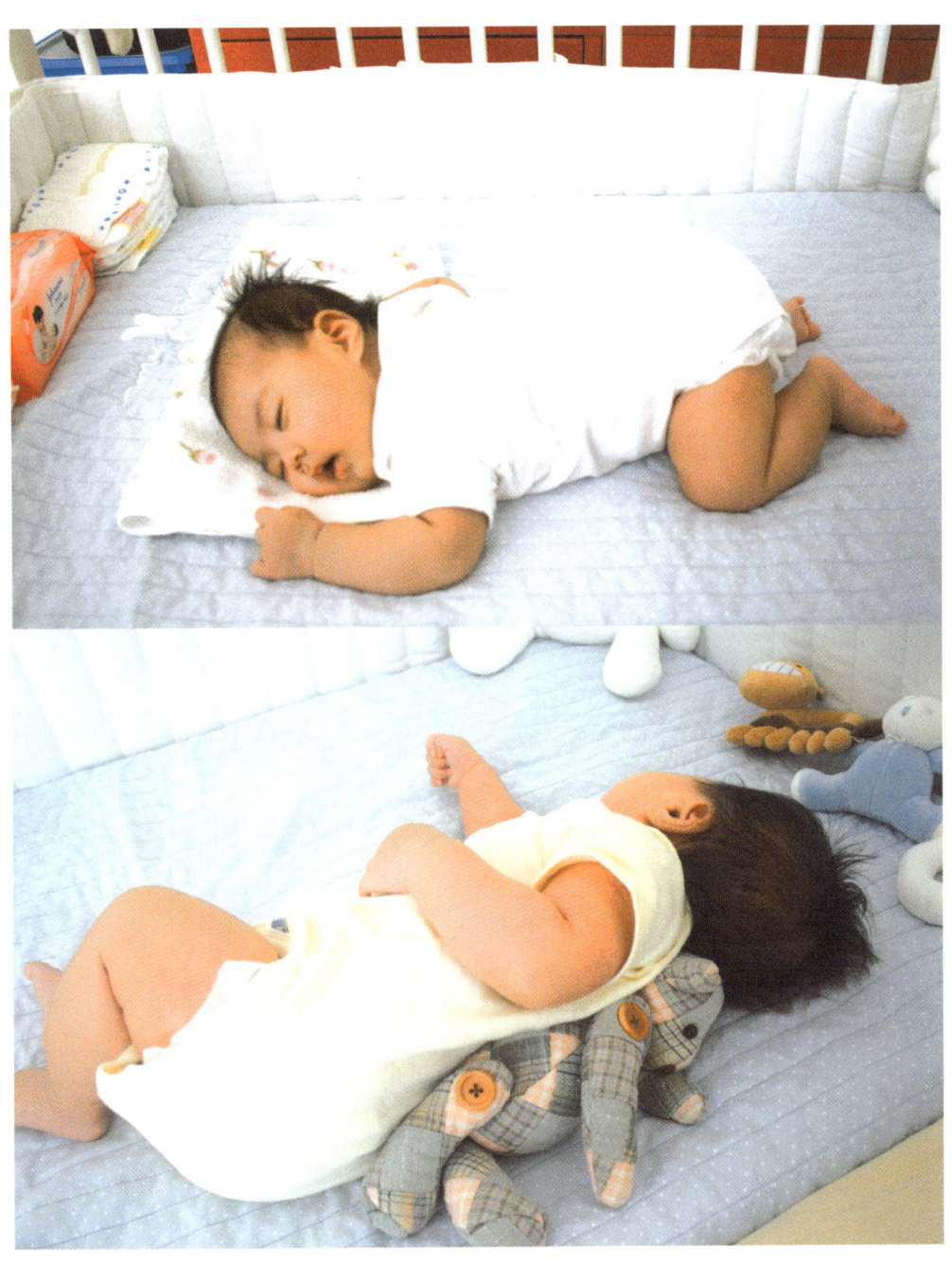

aug 25   엄마 마음, 아빠 마음

"어라, 또 이러고 있네."
잠결에 출장에서 돌아온 UG의 목소리가 들려왔다. 깜짝 놀라 눈을 떠보니 방을 나가고 있다.
무슨 소릴 하나 어리둥절해 있는데, UG가 카메라를 가져오더니 사진을 막 찍는다.
알고 보니 UG가 출장 가는 날 새벽에도 쇼콜라와 봉봉, 지유와 나, 모두가 딱 지금과 똑같은 자세로 한 침대에 널부러져 있었던 것.
"늦게 온다더니 일찍 왔네."
"내 양복은 찾아왔어?"
"아 맞다. 깜빡했다. 미안, 내일은 꼭 찾아올게."
UG가 혼잣말로 뭐라 구시렁대더니 "산낙지 사왔어. 먹고 싶다며." 하곤 욕실로 씻으러 들어간다.
몸을 일으켜 세우는데 한숨이 나온다. 아이를 낳고 나면 치매도 생기나.
요즘은 내가 나 같지가 않다. 꼭 해야 할 중요한 일도 잊어버리기 일쑤고
물건을 사러가도 한두 가지씩 빠뜨리고 돌아온다.

산낙지를 안주 삼아 오랜만에 둘이 술잔을 주고받았다.
UG는 집에서 술 마시는 걸 좋아해서 일찍 들어오는 날에는 꼼짝없이 술 상대를 해줘야 한다.
그가 고개를 절레절레 흔들며 말을 던진다.
"암만 봐도 우리 아긴 너무 예쁜 것 같아."
"하!" 기가 차서 말이 안 나왔다. 어떻게 저런 닭살스런 멘트를 천연덕스럽게 잘도.
"팔불출." UG도 나와 마찬가지로 예전의 그가 아닌 모양이다.
술기운에 얼굴이 벌겋게 달아오른 UG가 뭐가 좋은지 계속 실실댄다.
설마. 머릿속에 그림 하나가 그려진다. 나는 버릇을 바로 잡으려고 엄하게 아이를
꾸짖고 있는데 갑자기 끼어든 UG가 나를 나무라며 아이를 감싸고 도는 상상.
생각만으로도 은근히 부아가 치밀어 올라 소주잔을 벌컥 들이키는 나 역시 정상은 아니다.
"우리 시골 내려가서 살까?"
"뭐?"

새 기획안 때문에 해남으로 출장을 다녀온 UG가 섬마을의 아름다운 풍광을 자세하게 알려주었다. 그곳 사람들과 만나며 생긴 웃지 못할 에피소드들은 오쿠다 히데오의 장편 소설 『남쪽으로 튀어』에 등장하는 순박하고 온정 넘치는 섬마을 사람들을 연상시켰다.
"정말 좋네. 그런데 거기 가서 뭐 해먹고 살아? 농사 짓나?"
"된장이랑 고추장 담가 인터넷으로 팔까."
UG는 현재 로하스와 관련된 일을 하고 있다. 인터넷 방송국을 통해 친환경에 관한 콘텐츠를 소개하고 인터넷 쇼핑몰에서 로하스 제품을 판매하는 회사다. 처음에는 웹 파트에 입사했지만 현재는 기획 전반에 관한 일을 맡고 있다. 너무 앞서 생각하는 게 탈이지만 엉뚱하고 기발한 발상의 귀재인 그는 내가 봐도 기획 일에 더 제격이다. 그 일을 하면서 UG는 자료 조사차 국내외 출장을 수도 없이 다닌다. 좋은 곳만 가고, 좋은 것만 보고, 또 먹고 다닌다. 매일 야근에 술자리에 쉴 틈이 없지만, 홀로 섬에 갇힌 기분이 드는 나는 요즘 그가 정말 부럽다.
"담글 줄은 알고?"
"그럼. 내가 다 배우고 왔잖아."
"참 쉽게도 말한다."
예전 같으면 도시를 떠나 어떻게 사느냐고 손사래를 쳤을 텐데, 아이를 생각하니 나쁠 것 같지 않다는 생각이 든다. 역시 엄마가 되기 전과 후의 나는 같으면서도 다른 사람이 된 거 맞다.

체크무늬 곰 인형

지유의 잠귀가 귀신같이 밝아졌다.
멀리서 키보드 두들기는 소리에도 잠을 설친다.
하는 수 없이 컴퓨터도, 라디오도 끈 채 하루를 보낸다.
혹시 내가 너무 집안을 고요하게 만들어서
아기가 점점 더 예민해지는 건 아닐까.

집안이 온통 적막한 것이 꼭 절간 같다.
잠도 안 오고, 책도 눈에 안 들어오고
방안을 이리저리 서성이며 안절부절못한다.
금단 증상인가.
바느질거리를 손에 들고서야 마음이 안정된다.

아기를 낳기 전까지만 해도 남아도는 에너지를
서랍 정리를 하거나 손으로 뭔가를 만드는 데 썼는데,
한동안 그런 걸 아예 까맣게 잊고 지냈다.

이틀 만에 테디베어를 완성했다.
짬짬이 하려니 많이 더디지만 아이와 함께하면서
예전보다 천천히 흐르는 시간이
좀더 충일해진 느낌이다.

note 02 생후 2개월
〔issue〕 교감의 시작

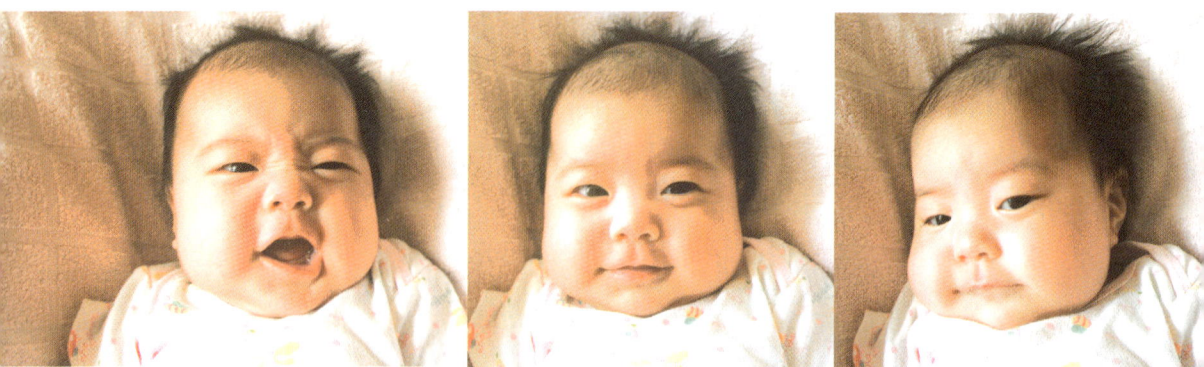

· 낮에 깨어 있는 시간이 조금씩 늘어간다. 사물을 더 자주, 오래 쳐다본다.
· 전에 비해 젖 먹는 양이 많이 줄었다. 딸꾹질도 줄어들고 덜 토한다.
· 젖을 먹고 나면 기분이 좋아 방긋 웃는 표정을 짓기도 하고 '아' '우' 같은 짧은 소리도 낸다.
· 사람이 어르면 반응을 보인다. 사람의 목소리를 좋아한다. 표정도 매우 풍부해졌다.
· 말을 걸면 귀를 기울이는 듯한 반응도 보인다. 엄마의 목소리를 분명히 구분하는 것 같다.
· 물체의 움직임을 좇는 시선이 훨씬 빠르고 자연스럽다.
· 가까이 보이는 것들에 관심을 표현한다. 고양이를 눈으로 좇아간다. 한곳에 초점을 맞추기도 한다.
· 모빌의 태엽을 감아주면 쳐다보며 한참 논다. 멜로디 소리가 흥거운 듯 옹알이를 한다.
· 무엇에 흥미 있어 하는지, 또 언제쯤 지루해 하는지도 쉽게 표시가 난다.
· 소리와 행동만으로 아기의 뜻을 이해하기가 좀더 쉬워졌다.
· 혼자 손발을 위로 뻗어 쳐다보기도 하고 잡아보기도 하며 좋아한다.
· 주먹을 쥐었다 펴기도 하고, 손을 입에 가져가 빨기도 한다.

아기가 태어나는 순간부터 엄마는 본능적으로 사랑을 느끼게 된다지만, 젖을 먹이고
울면 달래주고, 씻겨주고 하는 일이 지금껏 내겐 너무 힘겨웠던 게 사실이다.
초점 없이 멍한 눈으로 날 보는 아기는 내가 엄마라는 사실도 모르는 듯했고
어떤 교감 같은 게 전혀 느껴지지 않으니 더욱 그럴 수밖에 없었다.
우리 둘이 진정으로 연결되어 있다는 감정이 생긴 건 지유가 나와 눈을 맞추면서
얼굴 가득 환한 미소를 지어보인 순간부터다. 아무 의미 없는 웃음인 건 알지만
그 순간 마음이 흔들리면서 아기가 깨어 있는 시간이 훨씬 더 흥미롭게 느껴졌다.
울음 소리를 주의 깊게 들어보면 아기가 뭘 원하는지 금세 알아차릴 수 있다.
이젠 아기의 울음이 해독 가능한 언어로 들리기 시작한 것이다.
엄마가 된다는 것이 어떤 의미인지 이제서야 비로소 알 것 같다.

sep 03 행복한 엄마가 되는 법

『엄마는 미친짓이다』라는 제목에 마음이 끌려 인터넷에서 책을 주문해 읽었다.
피로를 무릅쓰고 책을 읽은 건 매일 똑같이 반복되는 일상이 자꾸만 하찮고 무의미하게 여겨져서다.
읽다가 만 소설도 여러 권 있는데 출산 후에는 활자가 전혀 눈에 들어오지 않았다. 심리적으로
여유가 없는 탓 같아 궁여지책으로 육아 관련 서적을 골라 읽기 시작했다. 당면한 최대 관심사가
육아라서 각종 육아법과 아이 교육을 다룬 책은 그런대로 술술 잘 읽혔다.
덕분에 눈은 토끼처럼 벌겋지만 마음은 편안해졌다.

『엄마는 미친짓이다』는 논픽션 작가인 지은이가 파리 특파원으로 근무하던 시절 체험한 프랑스의
육아문화와 워싱턴으로 옮긴 후에 새롭게 발견한 미국 여성들의 슈퍼 엄마에 대한 강박에 관한
이야기로 시작된다. 내용이 어찌나 흥미롭던지 밤을 새워가며 순식간에 다 읽었다.
우선 누가 지었는지 제목부터가 참 공감이 갔다. 책의 부제 '우리는 꼭 슈퍼 엄마가 되어야
하는가?' 라는 문구에서 난 묘하게도 안도감을 느꼈다. 엄마가 되는 순간부터 알게 모르게
나를 조르던 강박에서 풀려나는 기분이었다.

나를 포함해서 요즘 엄마들은 완벽하게 육아를 해내려는 생각 때문에 지나치게 많은 고민을 한다.
그걸 모성애 강박증이라고 부르기도 한다. 엄마들은 아이에게 조금만 문제가 생겨도 자책을 하고
스스로 나쁜 엄마라는 죄의식에 빠진다. 또 자신만 희생한다는 피해의식을 갖는다던가 혹은
좋은 엄마가 되기 위해 스스로의 삶을 포기하는 엄마들도 많다. 이 모든 것은 나에게도 해당된다.
예전에는 아이에게 지나치게 자신의 욕망을 투영하는 엄마들을 볼 때마다 극성스럽다고만 여겼는데,
막상 아이가 생기니 내 안에도 일할 때처럼 육아에도 성공하고 싶은 욕구가 도사리고 있는 건
부정하기 힘들다.

내 경우를 보자면 지유가 태어나는 순간부터 모성애 강박증이 생겨났던 것 같다.
예선 엄마들은 여러 가지 이유 때문에 분유를 선호했다. 그런데 최근에는 모유 수유에 대한 관심이
부쩍 높아졌다. 모유를 먹고 자란 아이는 엄마의 면역력을 그대로 이어받기 때문에 분유를 먹은

아기보다 알레르기나 잔병치레를 적게 한다던가 비만이나 감염성 질환에 걸릴 확률도 훨씬 적다는
연구 결과가 발표됐기 때문이다. 천연의 면역 성분은 없지만 분유도 영양면에서는 모유에 가까운
훌륭한 영양공급원이다. 분유 수유의 가장 좋은 점은 아빠나 다른 가족들이 엄마 대신 아기에게
수유하는 기쁨을 함께 맛볼 수 있다는 것이다. 덕분에 엄마도 쉴 시간이 생긴다.
모유를 먹이느라 고생하는 엄마들을 보면 이 또한 무시할 수 없는 분유의 장점이다.

내가 지유를 낳은 산부인과도 모유 수유를 적극 권장하는 병원이었다. 하지만 나는 보통 엄마들과
비교해 모유량이 턱없이 부족했다. 초유도 닷새가 지나서야 나오기 시작했다. 모유를 먹이는 것은
생각했던 것보다 훨씬 어려웠다. 고도의 기술이 필요하고 큰 고통이 따르는 일이었다.
온갖 방법을 다 써봐도 모유는 간식 수준의 양 이상은 나오지 않아 고민 끝에 결국 분유와 모유를
함께 먹이는 혼합 수유를 택했는데, 문제는 '모유 수유는 엄마의 노력 여하에 달려 있다' 라며
모유 수유를 강요하던 신생아실 수간호사의 단호한 말이나 갖은 고생 끝에 모유 수유에 성공한
엄마들의 일화들이 아기에게 젖병을 물릴 때마다 귀에 맴돌아 자책감에 시달린다는 것이다.
한편으론 이런 감정도 일종의 모성애 강박증이 아닐까 하는 생각을 떨칠 수 없었지만 말이다.

『엄마는 미친짓이다』의 주제를 한마디로 정의하자면 누구도 완벽한 엄마는 될 수 없다는 것이다.
마지막 책장을 덮으면서 출산 후 줄곧 떨치지 못한 불안과 상실, 고립감, 정체성에 대한 혼란,
부족한 모성애에 대한 자책감, 과연 엄마 노릇을 잘 해낼 수 있을까 하는 두려움 등등 내가 느껴온
복잡한 감정들이 잠시나마 치유된 듯한 느낌이 들었다. 누구나 다 모유를 먹일 수 있는 건 아니라고,
분유를 먹여도 얼마든지 아기를 건강하게 키울 수 있다는 확신이 들었다.
무엇보다 희생적인 엄마보다 이기적인 엄마가 되겠다고 마음을 다잡았다.
엄마가 행복해야 아이도 행복해질 수 있다고 굳게 믿기로 한 것이다.

꽃무늬 토끼 인형

자투리 꽃무늬 천을 오려 손바닥 만한 토끼 인형을 만들었다.
머릿속에 떠오르는 대로 바느질을 해나가며 형태를 잡았더니 평면적인 토끼가 됐다.
그냥 두면 앉지도 못하고 어색하기 짝이 없다.
그래도 단 몇 시간만에 뭔가 완성해냈다는 사실에 대만족이다.
육아와 살림에만 매달리다 보니 일상이 팍팍해진 것 같아 우울했는데,
의욕이 되살아나면서 큰 힘을 얻은 기분이다.
몸은 힘들지만 만들기를 하면 집중력이 생기면서 정신이 명료해진다.
나를 다스리는 시간도 되고, 하루를 의미 있게 보낸 듯한
뿌듯함도 빼놓을 수 없다. 특히, 지유가 내가 만든 인형을
갖고 놀 생각을 하면 보람도 두 배로 늘어난다.

sep 07 모빌과 그림책 친구

아침에 눈을 떠보니 지유가 혼자 모빌을 쳐다보고 놀고 있었다. 게다가 '우우' 하며 곰 인형한테 말도 거는 게 아닌가. 그 장면을 보고 아, 이래서 아기 침대에 모빌을 달아주는구나 싶었다. 모빌이 아기에게는 첫번째 친구인 것이다. 그렇지만 10분 이상은 쳐다보지 못한다. 금세 피로감을 느끼고 칭얼댄다. 두뇌 용량이 플로피디스크만큼도 못해 조그만 자극에도 바로 과부하 현상이 일어난다. 지치면 고개를 다른 곳으로 돌리거나 눈을 감으면 되는데, 그 방법을 모른다. 아직 자기 조절 능력이 없기 때문이다.

오후에 지유에게 그림책을 보여줬다. 육아 전문가들은 생후 4주가 지나면 아기에게 그림책을 보여줘야 한다고 하지만 난 너무 성급한 것 아닌가 싶어 미루고 있던 일이었다. 머리를 맞대고 누워 한 장 한 장 책을 넘겨주자 놀라운 반응이 돌아왔다. 눈을 이리저리 굴려가며 그림을 훑어보더니 나와 눈을 맞추고 환하게 웃어 보이지 뭔가. '엄마, 세상에 이렇게 재미난 게 있단 말이에요?' 하는 눈빛이었다. 짜릿해서 머리카락이 쭈뼛 곤두섰다. 교감을 나눌 수 있는 일이 하나 더 늘어 몹시 기쁘다.

조커 토끼 인형

나탈리 레테(Natalie lete)의 작품집 속에 들어 있는 토끼 인형을 보고
비슷하게 흉내 내보았다. 손맛이 나게 헝겊 가위질도 대충하고,
바느질도 일부러 삐뚤빼뚤하고 불규칙하게 꿰맸다.
〈배트맨〉의 '조커' 같기도 한 게 어딘지 엉성해서 은근히 정감이 간다.

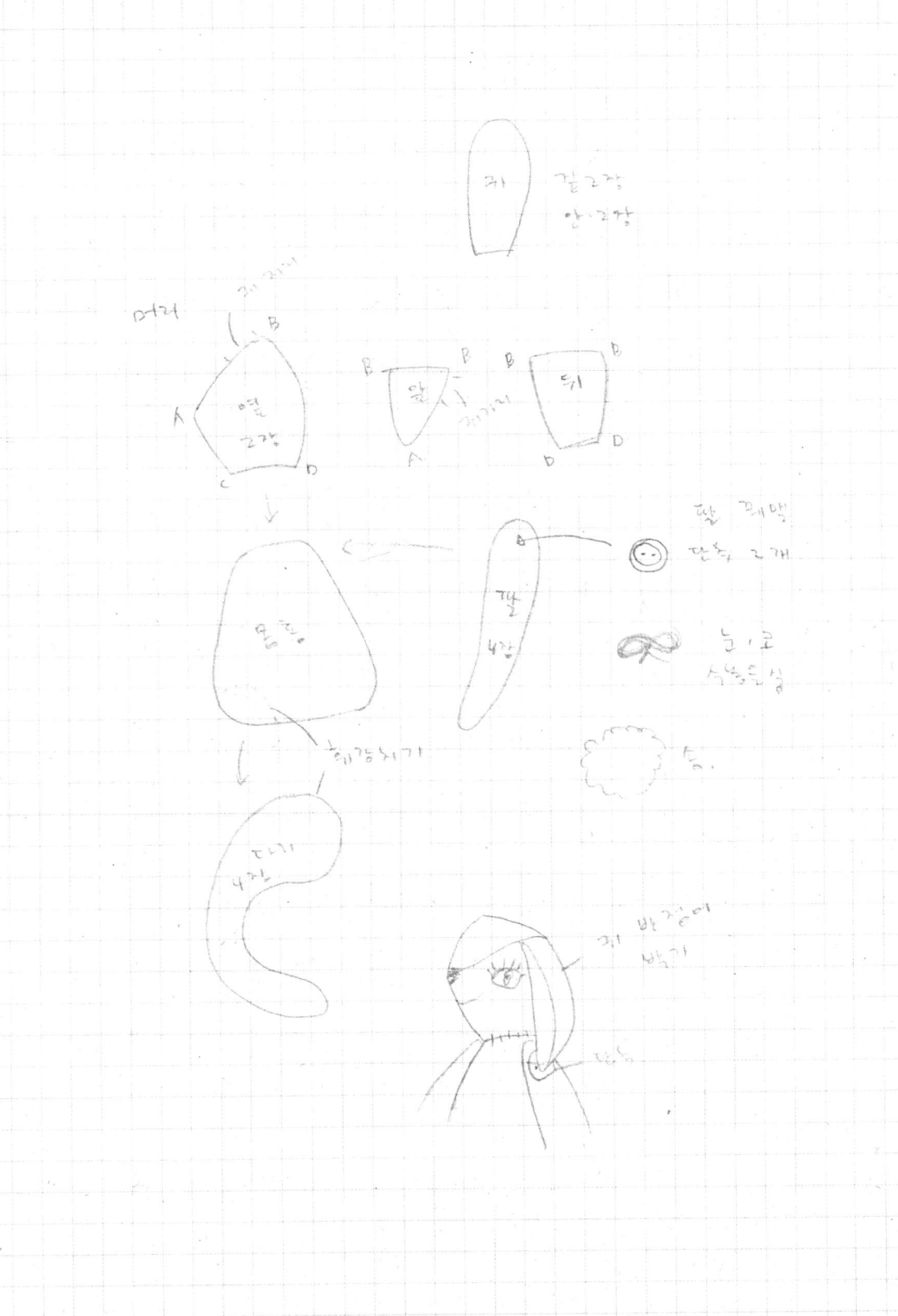

note 03　생후 3개월
〔issue〕가족의 일원

· 체중이 태어났을 때의 두 배가 됐고 키도 10센티미터나 자랐다.
· 목이 꽤 꼿꼿하고 고갯짓도 유연하다. 기대고 앉히면 앉는다.
· 고개를 받쳐주지 않아도 되니 아기를 안기가 한결 수월하다.
· 낯을 가린다. 졸릴 때면 더욱 엄마에게 달라붙어 있으려고 한다.
· 따뜻한 물에서 목욕하는 걸 즐거워한다. 물에서 꺼내면 곧바로 울음을 터뜨린다.
· 팔다리를 늘리는 체조도 매일 해주고, 가끔은 몸에 오일을 발라 마사지도 해준다.
· 스킨십을 좋아한다. 머리를 비비고 손가락이나 발을 잡고 부드럽게 만져주는 걸 좋아한다.
· 목에서 등, 엉덩이까지 힘이 생겼다. 우유를 먹일 때면 엉덩이를 쉬지 않고 들썩거린다.
· 기저귀를 갈 때 엉덩이를 들기도 한다. 힘차게 버둥대고 움직임에 생동감이 넘친다.
· 배 근육을 키우기 위해 잠깐씩 엎어놓으면 머리를 높이 들어올린다.
· 누워 있을 땐 발을 붙잡고 놀거나 손을 뻗어 움직이는 모빌을 잡아보려고 한다.
· 얼굴 가까이 눈을 맞추고 말을 건네거나 미소를 지으면 함박웃음을 짓는다.
· 라디오를 나지막이 틀어놓으면 소리나는 쪽으로 가만히 귀를 기울인다.

평일에는 회사 일로 바빠 귀가도 늦고 늘상 피곤해 하지만
주말 오전 시체놀이를 하고 나면 UG는 본래의 모습으로 돌아온다.
지유가 칭얼거릴 때마다 안아주고, 기저귀도 살핀다.
물론 얼마 못 가 TV 앞에 앉혀놓기 일쑤이지만,
저녁을 먹고 나면 지유와 욕조에 들어앉아 목욕놀이도 한다.
"자 따라해봐, 아버지~." 하면서 말이다.
지유가 있어서, 주말 일상의 풍경이 전보다 훨씬 푸근하고 따뜻하다.

sep 14 부부만의 카페 나들이

두 달 넘게 외출다운 외출을 못해서
UG와 카페에 앉아 커피를 마셔보는 게 소원이었다.
한번쯤 아무 생각 없이 한갓지게 즐기고 싶어서
큰 마음 먹고 나왔는데, 몸뿐만 아니라 마음의 구조도 변한 것 같다.
한 시간도 채 안 지났는데 빨리 집으로 돌아가고 싶고,
안 그러면 큰일이 날 것 같은 생각이 드는 거다.

커피를 다 마시기 무섭게 일어나 바삐 집으로
향하자니 지유 볼 생각에 가슴이 뛰면서도
이런 마음이 불쑥 올라온다.
아, 이젠 평생 엄마로 살 날만 남은 건가.
어쩐지 서글프기도 하다.

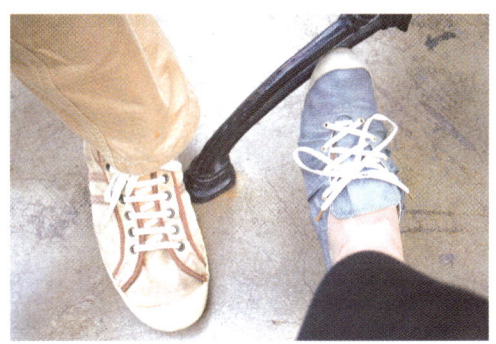

 파란 눈의 토끼 인형

인형을 만들기 시작한 건 10년 전부터다. 우연히 친구가 테디베어를 만드는 것을 보고 따라서 해보았다가 나도 모르게 푹 빠져들었다. 혼자 DIY 패키지를 사서 형태가 다른 곰 인형 몇 마리를 만들어보고 자신감을 얻어 그후로는 기존의 패턴을 내 생각대로 변형하기도 하며 나만의 방식으로 만들어 나갔다. 예쁜 천이나 단추 같은 것이 눈에 띄면 무조건 사들이기 시작한 것도 그 무렵부터다. 마음에 드는 원단을 찾기 위해 동대문 시장과 광장 시장을 헤매고 다닌 나날도 숱하다.

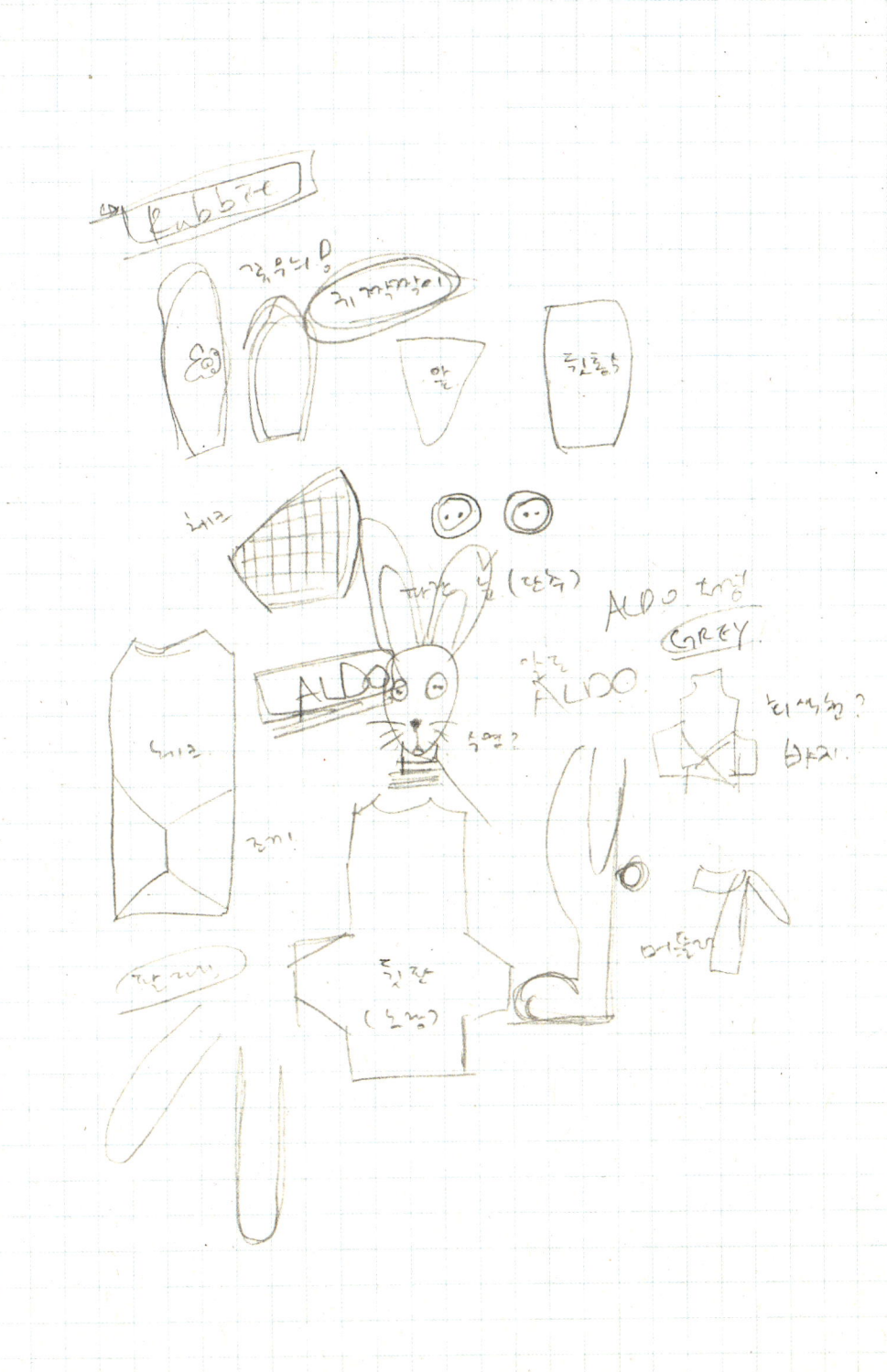

oct 16   남편을 위한 아침식사

콰르릉.

귓가에 화장실 물 내려가는 소리가 들려온다.

오전 6시 40분. 지유는 아직 꿈나라.

비가 와서 날이 어둡다.

이유는 잘 모르겠지만 흐린 날에는 지유가 잠을 깊이 잔다.

주말에 사다놓은 토마토와 양상추가 생각나

눈을 부비며 서둘러 부엌으로 향한다.

UG를 위해 아침식사를 만든 건 아이 낳고 처음이다.

몸이 고단하단 핑계로 UG에게 가장 많이 소홀해졌다.

토마토 주스도 만들어주고 싶지만 믹서기 소리에

지유가 깰 것 같아 샌드위치와 우유로 마무리.

모처럼 고요하고 평화로운 아침이다.

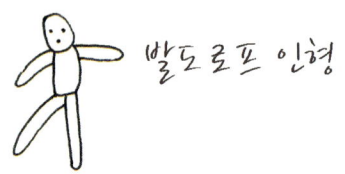 발도로프 인형

지유를 위해 옷을 갈아입히는 인형을 만들기로 했다. 플라스틱 인형보다는 폭신폭신한 헝겊 인형을 갖고 노는 게 아이 정서에 더 좋을 것이라는 생각 때문이다.

요즘 들어 까맣게 잊고 있던 어린 시절의 기억이, 이상하리만치 선명하게 떠오른다. 어릴 적 우리 집 근처에는 작은 양장점이 하나 있었다. 옷을 만들면서 버려진 조각천들을 얻어다 엄마가 손바느질로 내 인형 옷을 만들어주신 기억이 난다. 지금 생각해보면 홈질로 듬성듬성 꿰매놓은 게 전부였는데, 당시 내 눈에는 엄마가 세상에 둘도 없는 요술쟁이로 보였다. 나 역시 딸아이에게 좋은 엄마로만 기억되고픈 소망이 생긴다.

샘플로 할 만한 인형이 어디 없을까 하고 인터넷을 뒤지다가 발도로프 인형을 알게 됐다. 독일식 수제 인형으로 얼핏 보기엔 평범하지만, 부드러우면서도 자연스러운 얼굴 윤곽이 포근한 느낌을 준다. 임신부들이 태교 인형으로 많이 만드는 모양이다. 진작 알았다면 나도 만들었을 텐데. 머리와 몸통을 만드는 방법도 무척이나 흥미롭다. 아이들의 상상력을 키워주기 위해 눈, 코, 입을 단순하게 표현하는 점도 마음에 쏙 든다. 마침 만들기 동영상이 있기에, 정석대로 만들어보려고 독일산 원형붕대와 피부천을 주문했다. 발도로프 인형을 만들려면 이 두 가지 재료가 꼭 필요하다.

나중 일이지만, 처음 이 인형을 보여주었을 때 지유의 반응은 상당히 열렬했다. 바깥에 나가서도 인형을 끌어안고 다닐 만큼 특별한 애정을 보여서 만들어주길 잘했다 싶었다.

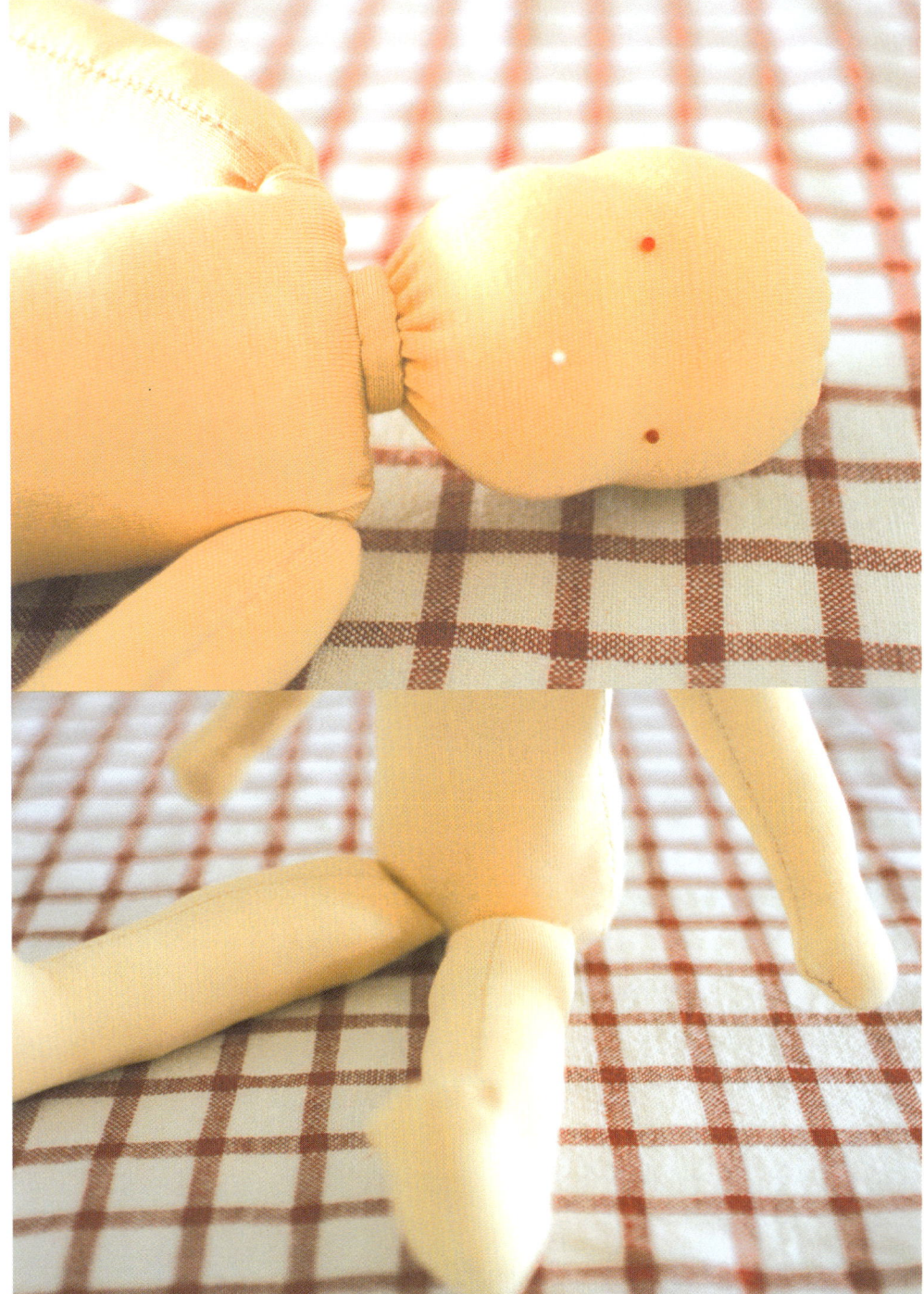

note 04 **생후 4개월**
〔issue〕 드디어 백일!

아침에 눈을 뜨면 하루 종일 아기 재울 생각에 까마득하던 때가
바로 엊그제 같은데, 어느덧 백일이 코앞이다.
지유는 날이 갈수록 누워 있는 것보다 엎드려 있는 것을 더 좋아한다.
아마 누워 있을 때와는 시야가 확연히 달라지기 때문일 것이다.
목과 등 근육도 발달시키고 뒤집기 연습도 할 겸 놀 때 잠깐씩 엎드린 자세로 둔다.
처음에는 10초 정도만 엎어놓아도 낑낑대며 힘들어 했는데,
하루에 몇 차례씩 반복하다 보니 지금은 꽤 긴 시간 동안 엎드린 채로 논다.

- 머리 둘레가 커지면서 눈에 띄게 영리해졌다.
- 안아 달라고 칭얼대는 일이 잦아졌다. 감정의 기복이 매우 심하다.
- 오줌을 싸면 평소와 다른 옹알이(매우 불쾌하다는 듯한 고함)를 한다.
- 기저귀를 갈 때에는 양손으로 정강이를 잡고 엉덩이를 번쩍 들어올린다.
- 엎어놓으면 머리와 어깨까지 들어올리며 팔을 쭉 뻗는다. 몸이 꽤 단단해졌다.
- 손에 잡히는 것은 모두 입으로 가져간다. 누워 있을 땐 발가락을 입에 넣기도 한다.
- 손가락으로 조금만 밀어주면 몸을 쉽게 뒤집는다.
- '푸우' 하고 침을 내뿜기도 하고 입에 뽀글뽀글 한가득 거품을 만든다.
- 호기심이 왕성해져서 장난감을 가까이 가져가면 붙잡으려고 한다.
- 품에 안겨서는 엄마의 머리카락을 움켜잡기도 하고 때론 팔뚝을 아프게 꼬집는다.
- 딸랑이를 쥐어주면 혼자 흔들거나 입으로 가지고 간다. 손가락도 빤다.
- 발로 침대 난간을 밀치며 제자리에서 한 바퀴 도는 등 금세 방향을 바꾼다.
- 끊임없이 옹알이를 한다. 즐거울 땐 소리도 지른다.

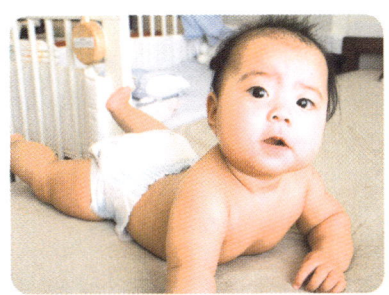
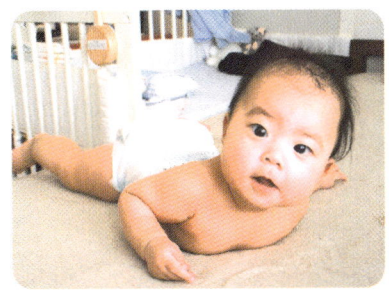
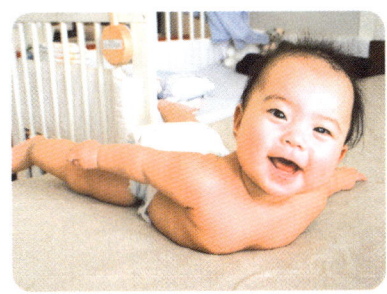
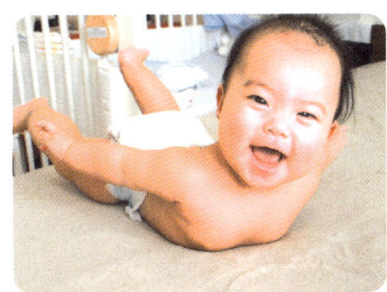
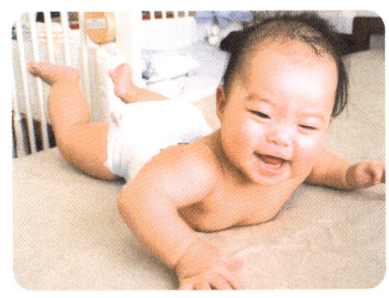

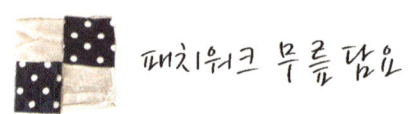 패치워크 무릎담요

밑반찬을 받으러 시댁에 갔다가 무릎 담요를 만들기에 안성맞춤인 커다란 원단을 얻어왔다. 시어머님이 벽장 가득 들어 있던 살림살이들을 모두 꺼내 정리하시는 와중에 생긴 뜻밖의 수확이었다. 산더미처럼 쌓인 옷보따리 사이로 유행이 한참 지나 촌스러운 옷감들이 눈에 띄었다. 몽땅 버릴 작정이라고 하시기에 옷감을 마구 헤집으며 이리저리 배색을 해보았다. 고심 끝에 땡땡이 무늬 천과 면이 조금 섞인 마 원단을 들고 왔다.

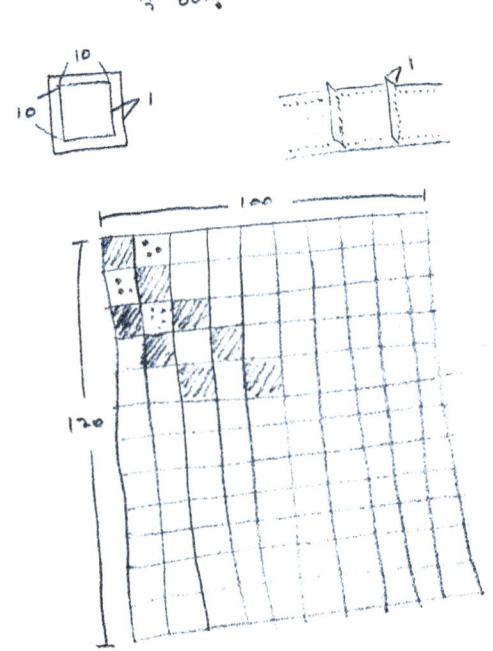

천을 조각내 자르고, 자른 천을 순서대로 패치워크하고, 중간중간 꿰매 붙인 천을 다림질하고 시침 떠서 퀼팅으로 마무리하기까지 족히 보름은 걸렸다. 만드는 데 너무 오래 걸려 바느질하는 내내 두 번은 못하겠다는 생각을 멈출 수가 없었다. 완성된 걸 보니 아기 이불 만들 때처럼 솜을 넣어 퀼팅한 것도 약간 후회된다. 따뜻해서 좋기는 한데 둔탁한 느낌이 들어서다. 어쨌거나 예쁘다. 볼 때마다 정말 내가 만든 게 맞나 싶어 혼자 뿌듯해 한다.

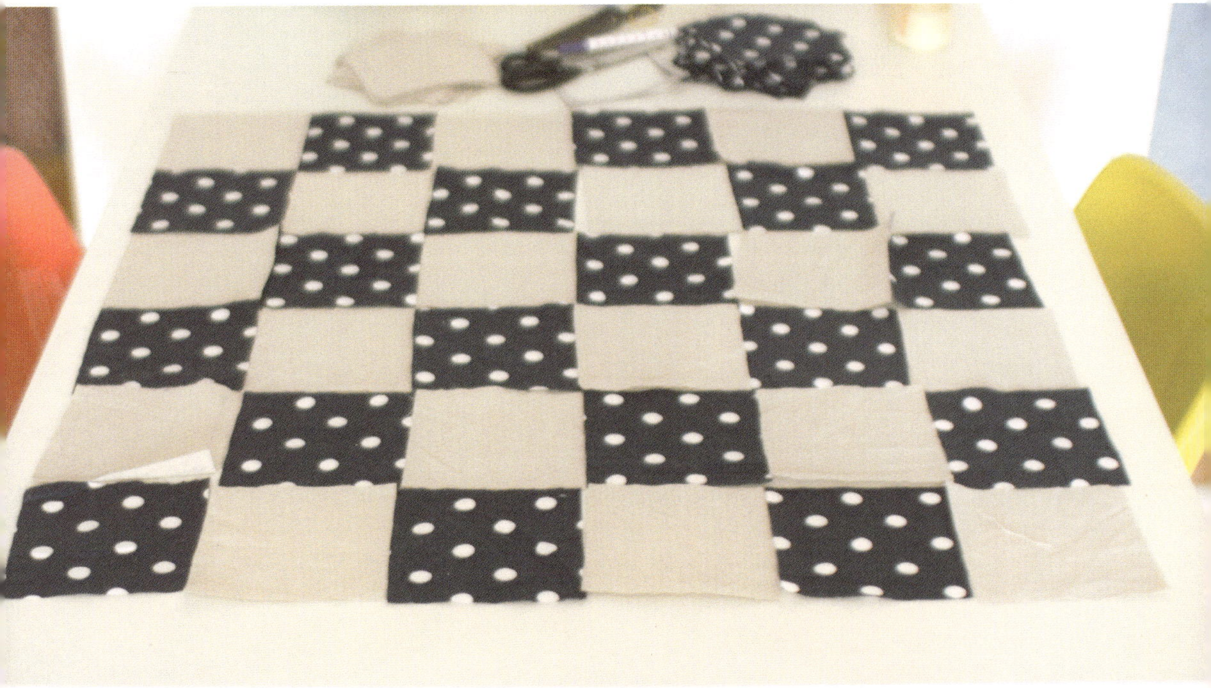

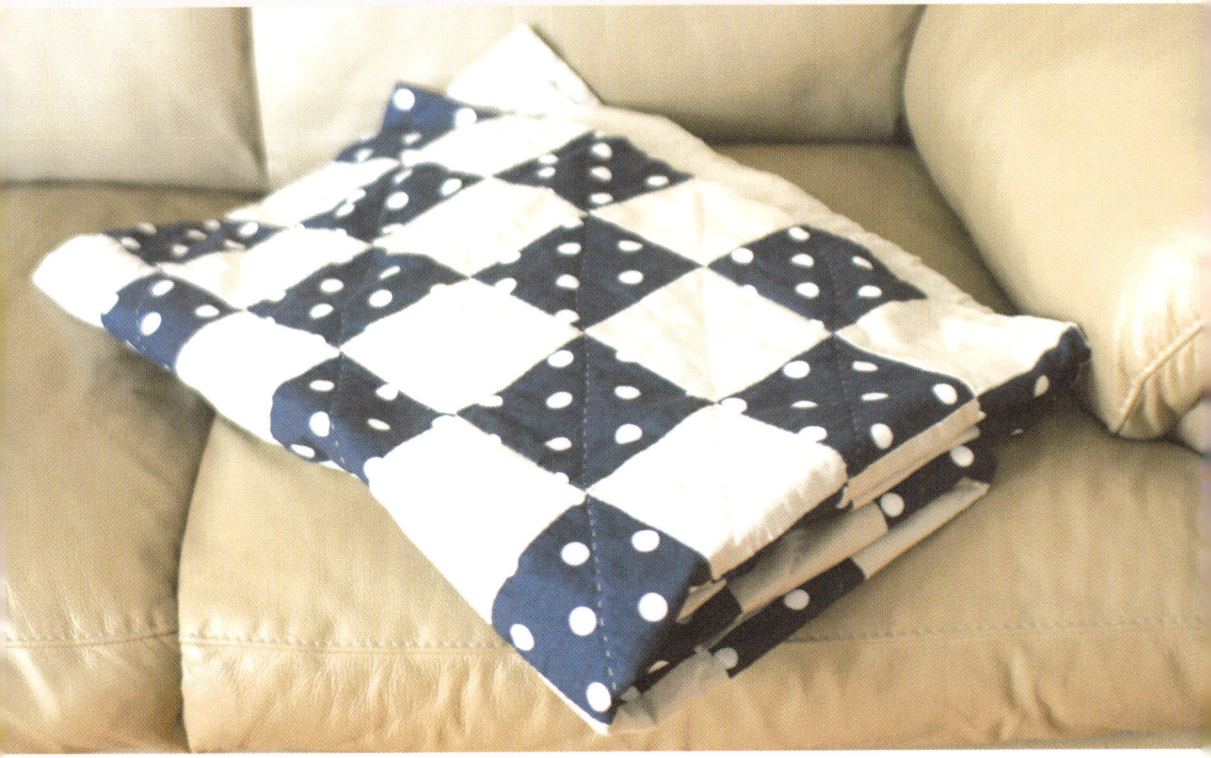

nov 08   이유식을 시작하다

실리콘 소재의 집게.
뜨거운 그릇을 집을 때 매우 유용하다.

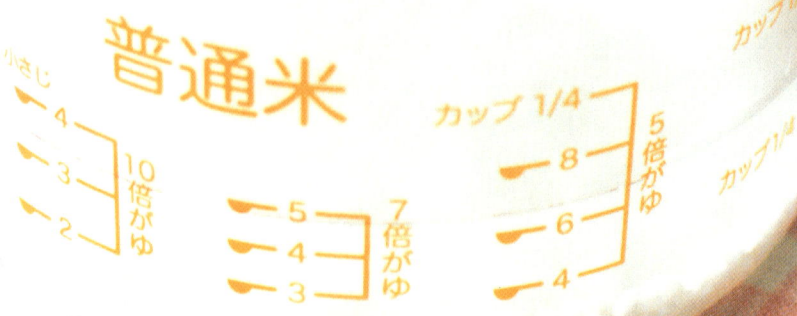

지인이 일본에 출장 갔다가 지유가 생각나 사다준 무인양품의 이유식기 세트. 생소한 도구에다 설명서만으론 이해가 가지 않아 볼 때마다 심란했는데, 본격적으로 이유식을 할 때가 되어서야 사용법을 터득했다. 알고 나니 매우 유용한 제품이다. 물에 불려서 곱게 간 쌀과 물을 표시된 눈금위 비율에 맞춰 붓고, 전기 밥솥에 밥을 지을 때 쌀 위에 살짝 얹어주기만 하면 10배죽부터 5배죽까지 손쉽게 만들 수 있다.

이유식을 시작해야 하는 생후 5개월. 가려 먹여야 할 것들이 의외로 많고 상식을 뒤집는 이야기들도 너무 많아 갈피를 잡기 힘들다. 책마다 시기도 다르게 나와 있어 조금 혼란스럽다. 꿀이나 땅콩 같은 견과류는 그렇다 쳐도 그 맛있는 감귤류와 딸기를 돌이 지난 다음에야 먹여야 한다니. 알레르기를 일으키는 야채와 과일이 이렇게 많았나 새삼 놀랍다. 특히 내가 좋아하는 바나나는 잔류농약 때문에 어른도 피하는 것이 좋다니 이를 어쩌나 싶고 기가 막힌다.

처음 1~2주는 숟가락과 친해진다는 기분으로 미음 상태의 10배죽을 하루에 한 번, 오전에 먹였다. 뱉어낼 줄 알았는데 주면 주는대로 넙죽넙죽 잘 받아 먹는 호기심 많은 지유. 한두 스푼 정도의 소량이다 보니 매번 만들기는 번거로워 냉동실 얼음트레이를 이용해 각각의 큐브에 10배죽을 채워넣어 냉동 보관했다. 큐브당 30그램 정도로 양을 가늠할 수 있어서 이유식 양을 늘려나갈 때도 편리하다.
초기 이유식에 사용해도 좋은 야채는 부드럽고 맛이 강하지 않은 배추와 호박, 단호박, 양배추, 감자, 고구마, 청경채 정도다. 시금치, 당근은 빈혈을 유발하기 때문에 6개월 이전에 먹여서는 안 된다. 어떤 야채에 알레르기 반응을 보이는지 관찰하기 위해 한 번에 한 가지씩 닷새 정도 먹인다. 지유의 경우 감자 미음을 먹고 나서 입 주변과 목, 가슴 부분에 빨갛게 두드러기 증상이 나타났다.

note 05　**생후 5개월**
　　　　〔issue〕 분리불안

· 허리에 어느 정도 힘이 생겨서 양손으로 바닥을 짚고 앉아 있을 수 있다.

· 호기심이 왕성해지면서 주위의 물건들을 열심히 붙잡는다.

· 선명한 색깔의 물건이나 소리가 나는 물건을 가만히 응시하거나 흥미로워 한다.

· 시력이 상당히 좋아져서 주위를 관찰하는 것만으로도 큰 재미를 느낀다.

· 노는 시간이 늘어나면서 헝겊책이나 딸랑이를 비롯한 장난감이 진가를 발휘하고 있다.

· 손을 상당히 능숙하게 사용한다. 딸랑이를 쥐어주면 혼자 흔들거나 입으로 가지고 간다.

· 바운서에 앉혀놓으면 잠시나마 혼자 놀아줘서 밥을 먹거나 집안일을 할 수 있다.

· 엄마에게 말을 걸기라도 하듯 끊임없이 옹알이를 한다.

노리개 젖꼭지를 사용하면서 잠 문제가 상당 부분 해결되었구나 싶었는데, 5개월 중반에 접어들면서 분리불안이라는 산 하나가 등장했다. 아기의 기억력이 생기는 생후 6개월부터 나타나는 분리불안은, 친숙한 사람의 얼굴을 기억하기 때문에 발생하는 자연스러운 발달과정이다. 대개 6~12개월 사이, 18~24개월 사이에 두 번 정도 나타난다고 한다.

분리불안은 주로 자는 동안 엄마가 어디로 가버리지 않을까 하는 생각에 아기가 잠을 제대로 이루지 못하는 현상으로 표현된다. 잠들 때 엄마가 옆에 있어줘야 하고 깨어난 후 엄마가 눈앞에 없으면 금세 울음을 터뜨린다. 영원히 사라진 것처럼 느끼기 때문이다. 눈앞에서 엄마가 사라지면 울다가 엄마가 다시 나타나면 싱글벙글 웃고, 이맘때의 아기는 엄마가 늘 자기만 쳐다봐주기를 원한다.

지유의 분리불안도 한동안 제법 심했다. 낯선 사람이 쳐다보고 말을 거는 것도 매우 싫어하고, 심지어 아빠가 안아주는 것도 싫다며 난리였다. 바운서에 앉히는 것도 단호히 거부하고, 코알라 새끼처럼 내게 찰싹 달라붙어서 떨어질 줄 몰랐다. 화장실에서 볼일을 볼 때도 함께 앉아 있어야 하니 난감했다. 7킬로그램이 넘는 아기를 한 팔로 든 채 밥도 하고 청소도 하면서 '이래서 아줌마가 힘이 셀 수밖에 없구나' 하고 한참 늦은 깨달음을 얻었다.

dec 06 아기 엄마들과의 수다

어제 홍대 앞에서 초등학교 동창 셋을 만나 저녁을 먹었다.
허물없이 지내지만 1년에 얼굴 두 번 보면 '우리 엄청 자주 보네' 하는 그런 사이다.
연말도 다가오고 내가 엄마가 된 걸 축하하는 의미로 뭉친 자리였다.
희한하게도 친구들이 전과는 무척 다른 느낌으로 다가왔다. 아기를 낳기 전까지만 해도
친구들은 내게 단지 멋진 여자들이었는데, 지금은 엄마로 느껴지는 것이다.

친구 A는 큰 의류회사에서 일하다가 직장동료와 결혼을 하고 현재는 남편과 함께 의류 프로모션
업체를 운영하는, 말하자면 사업가다. 늘 화려하고 파격적인 머리 모양과 옷차림으로 등장해
두 아이의 엄마라는 사실을 종종 잊게 만드는 친구다.
B는 결혼 전까지 유치원 교사였다. 늘 자기계발에 몰두하며 끊임없이 천천히 발전하는 친구로
마리아 상처럼 자애로운 미소가 일품인 언니 같은 친구다.
처녀 시절 외모가 배우 송혜교와 닮았다는 소리를 많이 들었던 C는 어려서부터 현모양처가 꿈이었다.
그녀를 좋다며 쫓아다니던 남자들은 하나같이 의사, 변호사 등 '사' 자가 붙은 직업을 갖고 있었다.
띠동갑인 그녀의 남편은 외국계 증권사 고위급 간부로 대한민국 1퍼센트에 속하는 연봉을 받는다.
시쳇말로 남자 잘 만나 물질적으로 남부러울 것 없이 살고 있는 경우이지만
아들 둘을 낳고 살아오기까지 내로라하는 재산가인 시부모님과 시누이들 사이에서
서러운 시집살이를 견뎌야 했다. 그녀의 러브 스토리는 정말 드라마에나 나올 법한 소재다.

예전에는 넷이 한자리에 모여 식사를 마치고 차를 마실 때쯤 되면 보통 둘로 패가 갈렸다.
A와 나는 서로의 일에 관한 이야기를 나누고 B와 C는 시댁 이야기를 주고받는 식이다.
그런데 이번에는 좀 달랐다. 처음부터 끝까지 온통 육아에 대한 이야기였다.
초보 엄마인 내가 셋에게 번갈아 질문을 하며 리포터 역할을 한 것이다.
어떤 게 올바른 육아인지 생각은 비슷해도 아이를 키우는 방식은 각자 다 달랐다.
영어 유치원이니 과외 활동, 조기 교육에 대한 구체적인 이야기가 화두로 등장하면서
친구 A는 서초동 엄마, B는 목동 엄마, C는 대치동 엄마로서의 이면이 확연히 드러났다.

난 아이들에게 과도한 선행학습을 시키는 부모들을 못마땅하게 여기는 사람 중 하나다.
아직은 막연하긴 하지만 놀이중심 유치원이나 대안학교에 큰 흥미를 느끼고 있다.
그런데 그 자리에서 이런 얘기를 꺼냈다간 두 번 다시 이 친구들을 못 만날 것 같은 기분이 들었다.
나는 내 친구들이 신문 기사에 자주 오르내리는 바로 그 '주류' 엄마들이라는 게 우습기도 하면서
한편 바보처럼 왜 그런 사실을 여태 전혀 몰랐을까 하는 생각이 들었다.
또 내가 앞으로도 과연 지금 생각처럼 살 수 있을지 사뭇 궁금해졌다.
아이가 크면 나도 결국 그녀들과 똑같아지는 건 아닐까.
그녀들을 통해 내 자신을 가만 들여다본다.

 머플러 토끼 인형

베란다 벽장에서 겨울옷들을 꺼내 정리하던 중 오래된
쿠션 커버를 발견해서 과감하게 잘라 토끼를 만들었다.
머플러는 지난 여름 입다가 크게 구멍난 내 티셔츠가 쓰였다.
내 옷 중에는 고양이들의 발톱에 구멍이 나 못 입게 된 것들이 더러 있다.
아까워서 버리지 못하고 모두 모아두었는데, 이제 보니 헌 옷들을
활용하면 좀더 색다른 소품을 만들 수 있을 것 같다.

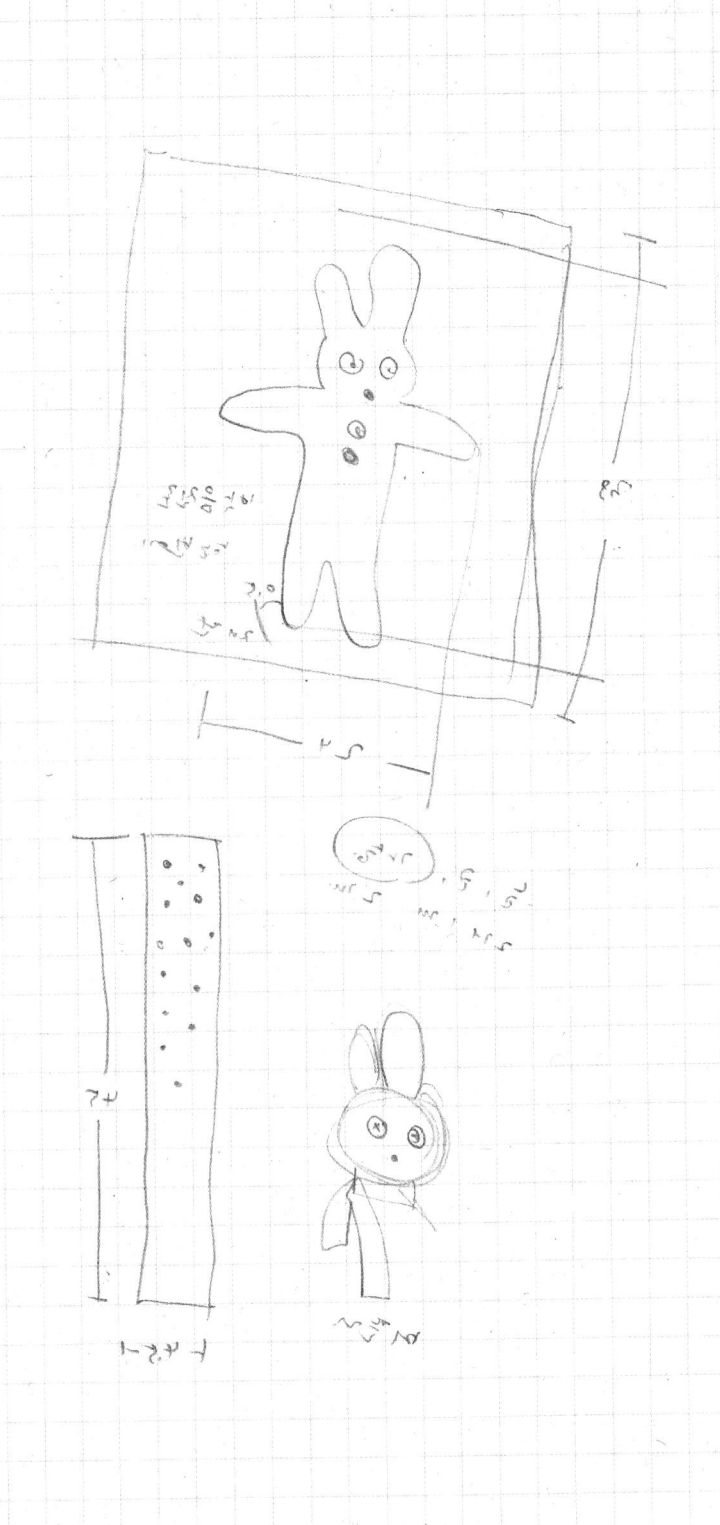

dec 16 출근하는 그를 위한 일품요리

토요일 오전 10시 30분.
일이 많아 회사에 나가봐야 한다던 UG.
만사가 귀찮은 내 심정을 아는지
조심스레 눈치를 보며 "혹시 밥 남은 거 있어?" 하고 묻는다.
이왕 나갈 거 밖에서 사먹어주면 좋으련만.
슬쩍 흘겨보다 지유를 안겨주고 부엌으로 향한다.
단호박, 브로콜리, 감자, 당근, 양파, 버섯.
냉장고 속에는 이유식 만들고 남은 야채들뿐이다.
사실 요즘은 반찬 만들 힘도 없다.
"카레 괜찮아?"
씽크대 선반에서 고형 카레와 치킨 스톡을 꺼낸다.
대답 대신 부녀의 웃음 소리만 요란하다.
지유와 장난하느라 정신이 없는 모양이다.

dec 20 지유 쇼콜라 봉봉

애완동물에 대한 인식이 많이 달라졌다지만 나는 "아기가 있는데 고양이를 키우나요?"라는 질문을
수도 없이 들으며 적잖은 스트레스를 받았다. 시댁 식구들은 물론 수십 년 동안 강아지와 고양이를
길러온 친정 식구들조차 고양이들은 어떻게 할 거냐고 물어올 정도로 동물이, 특히 털이 아기에게
해롭다는 생각은 널리 퍼져 있다. 사실 누구든 한번 갖게 된 선입견은 결정적인 계기가
생기지 않는 한 쉽게 바꾸지 못하는 법이다. 그건 애완동물의 천국인 미국도 다를 바 없다.
산부인과 의사들은 가정에서 개나 고양이를 키우는 것은 아이에게 좋지 않다고 끊임없이 말해왔고,
아직까지도 그런 인식은 사람들 의식에 매우 견고하게 박혀 있다.
지유가 태어나자 시어머님 역시 고양이들을 아기 근처에 얼씬도 못하게 하셨지만 내 생각은 좀
달랐다. 그래서 아기 때 흙장난을 많이 하며 자란 아이들이 면역력이 높은 것처럼 두세 마리 이상의
고양이나 개를 키우는 가정에서 자란 한살배기 유아들이 성장 후 알레르기나 각종 질환에 걸릴
가능성이 적다는 이런저런 연구 결과를 말씀드리며 어머님을 설득했다. 다행히 어머님은
논리적인 걸 좋아하는 분인지라 더는 그 일을 문제삼지 않으셨다. 사실은 그 말 때문이라기보다는
고양이가 아기에게 별 해가 되지 않는다는 사실을 직접 보고 납득하신 것 같다.
어쨌든 지금은 지유 옆에서 자고 있는 쇼콜라와 봉봉을 보면서 '저 녀석들이 아기를 지켜주는 것
같다'며 흐뭇한 눈길을 보내신다.

강아지 인형

코끼리를 만들까 하다가 엉겁결에 강아지를 만들었다.
머리가 좀더 컸으면 귀여웠을 텐데, 천이 모자랐다.
수실이 떨어져서 코도 못 만들어주고….
당분간 미완성인 채로 둘 수밖에.

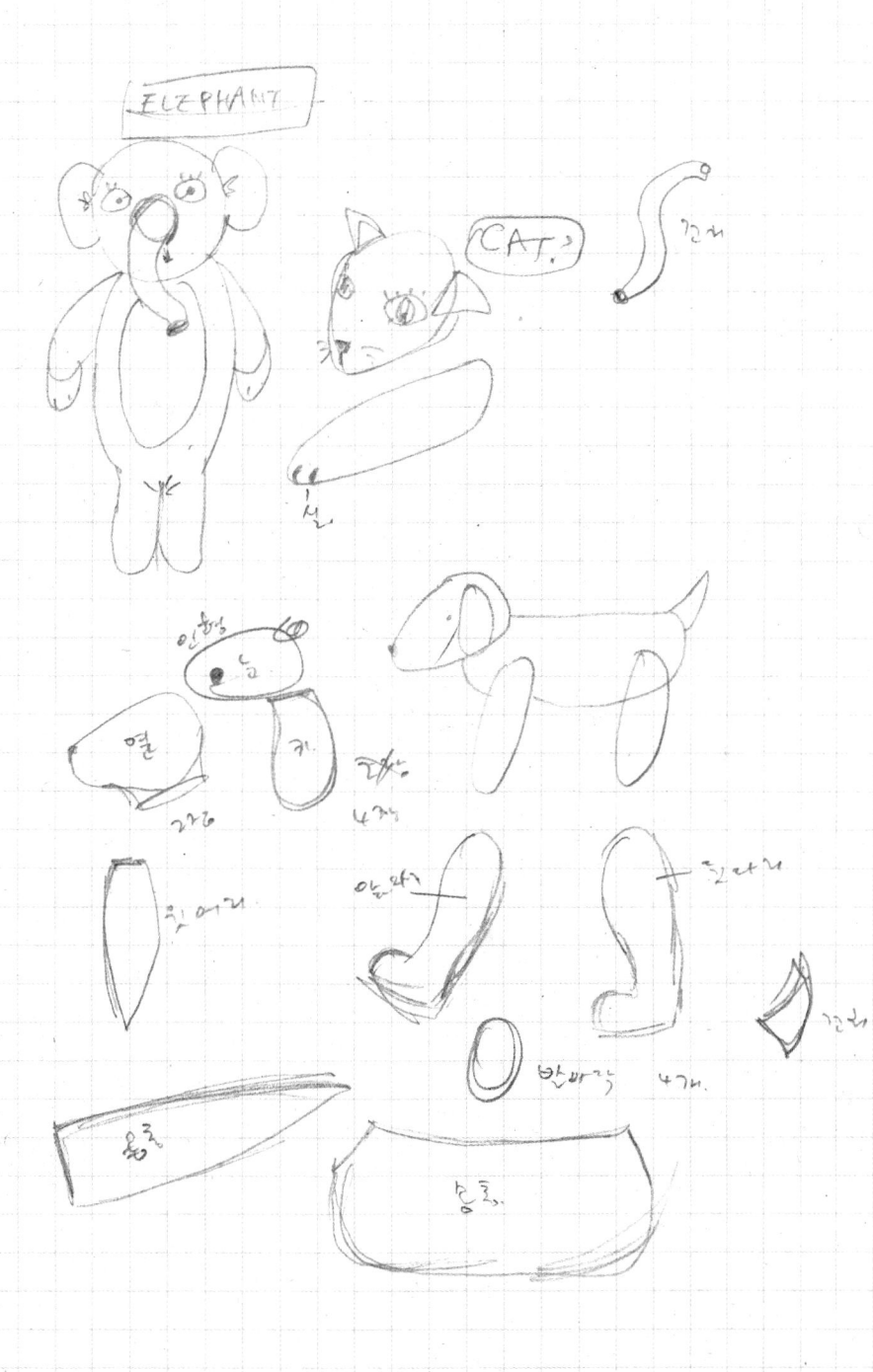

note 06 **생후 7개월**
[issue] 뒤집기 폭풍

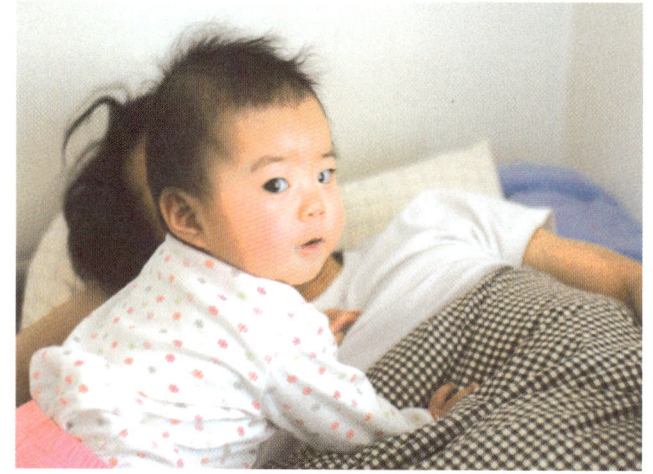

· 모든 방향으로 움직이고 뒤집고 하며 잠시도 가만 있질 못한다.
· 자신의 뜻대로 되지 않을 때에는 몸을 뒤로 젖히면서 온몸으로 불만을 호소한다.
· 기저귀를 갈려고 눕히면 마구 울어댄다. 옷을 갈아입힐 때도 마찬가지이다.
· 아는 사람과 모르는 사람을 구별할 수 있게 되어 낯선 사람이 안으면 운다.
· 이가 나는 시기라서 그런지 이유 없이 짜증을 부리고 까탈스럽게 군다.

엄마가 되기 전엔 결코 모를 일 중 하나가 바로 아기의 잠 문제일 것이다.
지유는 만 6개월에 들어서면서 자연스럽게 밤중 수유를 끊었다. 낮에 많이 먹고 또 자기 전에 충분히 먹어서 한밤중에 배가 고파 깨는 일이 사라진 것이다. 밤잠을 푹 잘 수 있어 얼마나 감격스러웠는지 모른다. 그런데 얼마 전부터 또다시 밤이 무서워졌다. 뒤집기를 시작하면서 한밤중에 깨어나는 일이 잦아졌기 때문이다. 엄마들은 이런 현상을 '뒤집기 폭풍' 이라고 일컫는다.
뒤집기는 아기에게 있어 걷기만큼이나 크고 충격적인 사건이다. 처음 자전거를 배울 때 꿈속에서도 자전거 페달을 돌리며 연습을 하는 것과 비슷하다고 할까. 자다가 자기도 모르게 본능적으로 몸이 뒤집히는 것이다. 뒤집히면 그 자세 그대로 잘 때도 있지만 뒤집고 또 뒤집으며 굴러다니다가 결국 침대 가장자리에 쿵 부딪히고 만다. 그때마다 깜짝 놀라 잠에서 깨어나 우는 것이다. 몸을 일으켜 앉는 방법을 터득하고도 같은 일이 벌어졌다. 자신도 모르게 자다가 벌떡 일어나 앉는 것이다. 바로 앉기 폭풍이다. 아기와 엄마 둘다 혼돈의 소용돌이 한가운데 내몰린 듯 몹시 힘든 시기라 '폭풍' 이란 표현이 붙은 것 같다.
7개월 차로 접어들면서 얻은 깨달음 중 하나는 아기는 주기적으로 더는 못해먹겠다는 생각이 들만큼 엄마를 힘들게 하는데, 그 생각이 절정에 달하는 순간 180도 달라진다는 것이다. 언제 그랬냐는 듯 놀라운 변화가 일어나고 순식간에 평화로워진다. 모든 에너지가 소진되었다고 느끼는 순간 새로운 능력을 분출하면서 엄마를 놀라움과 기쁨에 젖게 만드는 것이다. 그래서 유난히 힘들게 하거나 보챌 때면 곧 또 새로운 기술을 선보이겠구나 하는 기대감으로 버티게 된다.

jan 03 지유는 봉봉을 귀찮게 해

jan 05 일과 아기

파리에 사는 절친한 후배 지은이가 지유에게 외출복 선물을 보냈다.
하늘하늘한 블라우스에 울로 짠 원피스, 사랑스러운 보넷까지
살뜰하게도 챙겨주었다. 살펴보니 '봉쁘앙'(Bon Point)의 옷이다.
할인매장에서 산 거라고는 하지만 파리에서도 고가에 속하는 브랜드다.
이거 라면이랑 과자를 얼마나 챙겨 보내야 하나, 선뜻 계산이 안 되지만
당장 새옷 입혀볼 생각에 절로 웃음이 나온다.

오늘 여행 칼럼 연재 제의가 들어왔다.
운좋게도 새 책 기획안과 성격이 맞아 떨어진다.
다시 여행 다닐 생각에 기분이 들뜬 것도 잠시뿐, 지유가 마음에 걸린다.
할머니가 계시는데 무슨 걱정이람 싶다가도 마음이 짠해진다.
생각할수록 머리가 복잡하다.
어쨌든 차근차근 해나갈 수밖에.

jan 07 배꼽 친구

처음 아기가 집에 왔을 때 쇼콜라와 봉봉의 반응은 사뭇 달랐다. 우선 쇼콜라는 경험이 많은 고양이다. 파리에서 캐나다로, 캐나다에서 서울로 장거리 비행기를 두 번이나 타보고, 이삿짐 꾸리고 푸는 것도 여러 번 겪어봤고, 특히 캐나다에선 한밤중의 드라이브는 물론 종종 바다만큼이나 큰 호숫가로 산책도 나가봤기에 세상이 얼마나 크고 넓은지 조금은 안다. 성격이 까칠하기는 해도 눈치는 매우 빠르다. 그래서인지 집안에 이런저런 소동이 벌어져도 아랑곳하지 않고 늘 초연하다. 침대 위에서 자고 있는 지유를 처음 보았을 때도 '뭐야 이건' 하는 태도로 아기 머리 냄새를 한 번 스윽 맡곤 관심 없다는 듯 평소 자기 하던 습관대로 행동했다. 우습게도 난 그게 서운하고 한편으론 괘씸했다. "니 동생이라고. 관심 좀…."

하지만 봉봉은 달랐다. 샴고양이 종 자체가 원래 사람을 잘 따르는 습성이 있지만 질투가 강해서 내심 걱정했는데, 봉봉은 지유를 처음 본 순간부터 한시도 눈을 떼지 못했다. 아직 어리고 호기심이 많아서인지 그야말로 식음을 전폐해가며 지유가 가는 곳마다 쫓아다녔다. 처음에는 멀리서 숨죽인 채 지켜보다가 날이 가면서 조금씩 지유 곁으로 다가가더니 얼마 지나지 않아 지유랑 똑같은 자세로 반듯이 드러누워 잠을 자는 게 아닌가. 지유가 처음 봉봉이를 뚫어져라 응시했을 때는 몹시 흥분해서 온 방안을 우다다거리며 헤집고 다니기도 했다.

지유의 몸놀림이 커지고 활발해지자 쇼콜라도 봉봉도 지유 곁에 머무는 시간이 많아졌다. 가끔은 지유가 고양이를 자기 쪽으로 끌어당긴답시고 우악스럽게 움켜잡아 털이 한움큼씩 빠질 때도 있다. 덕분에 나도 일이 하나 더 늘었다. 녀석들이 엉켜 있으면 "지유야, 그렇게 하면 고양이 아파. 쇼콜라, 봉봉, 너희들 아기 할퀴면 안돼." 하고 주의를 줘야 하기 때문이다. 녀석들, 지유의 철없는 손길이 아플 법도 한데 발톱을 세우기는커녕 묵묵히 받아준다. 지유가 배에 무거운 머리를 척 걸쳐도 피하지도 않고 귀엽다는 듯(혹은 귀찮지만 참아준다는 듯) 골골골 소리를 낸다. 긴장을 풀 수는 없지만 옆에서 보고 있으면 꽤나 흐뭇한 '삼남매' 다.

jan 21 엄마, 어디 갔어요?

혼자 3박 4일 동안 홍콩에 다녀왔다. 첫날은 몸의 일부가 떨어져 나간 것처럼 허전하고 불안했다. 어딜 가도 지유가 눈에 밟혔다. 귓가에서는 계속 아기 울음 소리가 맴돌았다. 이틀째 아침이 밝자마자 시댁에 전화를 넣었다. 저녁잠 재울 때 심하게 투정 부린 것 말고는 잘 먹고 잘 놀고 있다는 어머님 말씀에 그제서야 안도의 한숨이 나왔다. 전화기를 통해 지유가 노는 소리가 들려왔다. 나 없어도 멀쩡히 잘 지내는구나 싶은 게 어처구니없게도 서운한 마음이 들었다.

지유가 어찌나 보고 싶던지 새벽 녘 인천공항에 도착하자마자 부리나케 집으로 돌아와 짐을 대충 부려 놓고, 종종걸음으로 지유를 데리러 시댁으로 향했다. 그런데 나를 맞는 지유의 얼굴이 낯설다. 입을 꾹 다문 채 시선을 계속 외면했다. 순간 가슴이 철렁 내려앉았다. 얼마나 울었는지 얼굴이 퉁퉁 부어 있었다. 낮에는 잘 놀다가도 밤만 되면 엄마를 찾느라고 울고불고 난리가 났던 모양이다. 안쓰러워 품에 꼭 껴안고 집으로 오는 동안에도 지유는 나와 눈을 맞추지 않았다. 오후 들어서면서 다시 밝은 모습을 보였지만(아기의 기억력이 짧아 정말 다행이지 뭔가) 돌멩이라도 걸린 것처럼 종일 목이 쓰렸다.

할머니가 그새 지유 모자를 떠주셨다. 앙증맞은 빨간색 토끼 모자. 아직은 많이 크다. 이걸 보니 갑자기 뜨개질을 해보고 싶다. 하지만 참아야 한다. 한번 시작하면 밥도 안 먹고 잠도 안 자고 끝장을 볼 때까지 손에서 놓지 못하는 내 성격을 누구보다 잘 알고 있기 때문이다. 지금 손에서 놓지 말아야 하는 건 지유 돌보는 일이다.

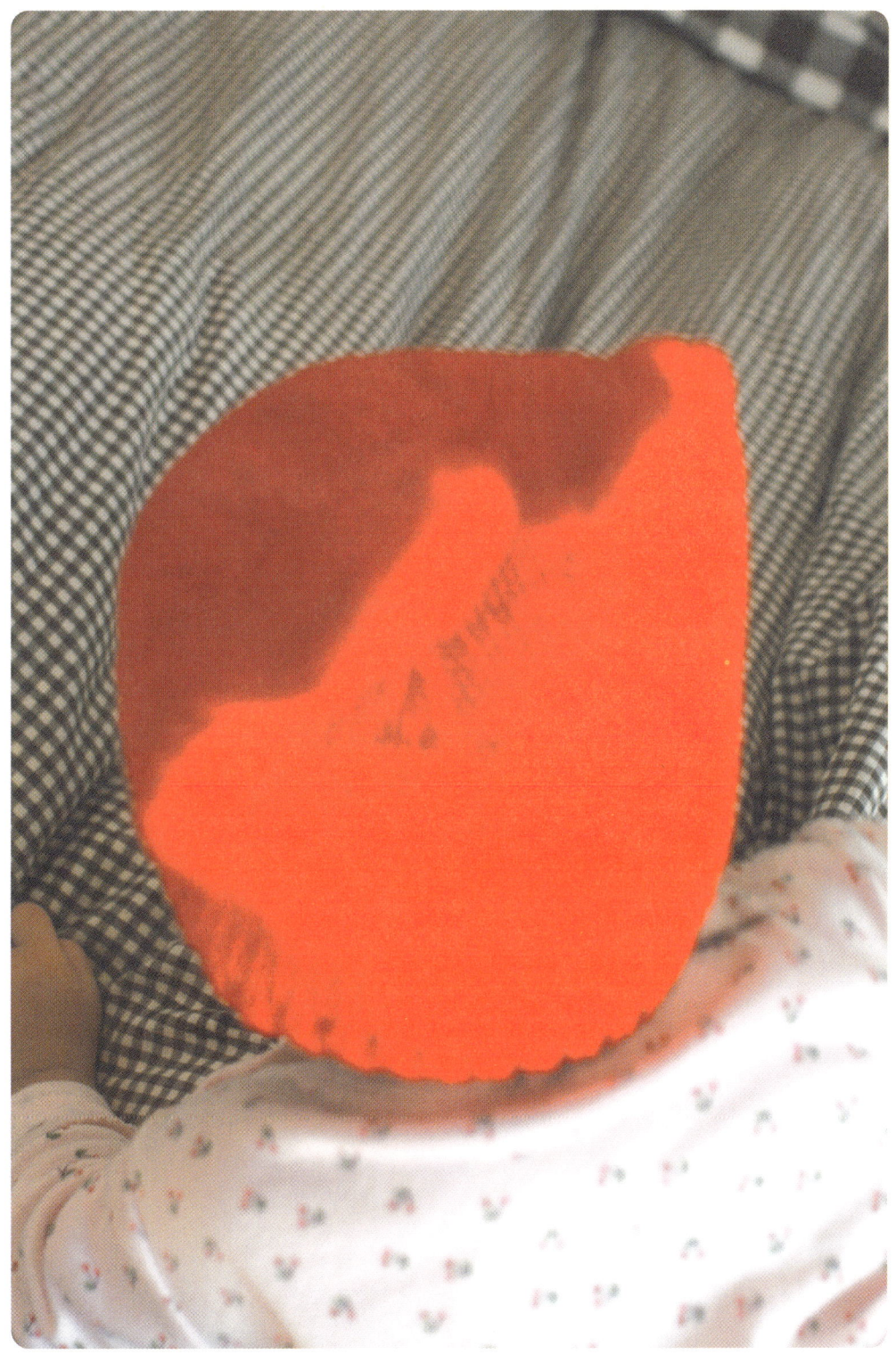

jan 22　딸내미 옷 고르는 재미

"일은 핑계고 쇼핑하러 갔던 거지?" 트렁크에서 쏟아져나온 옷보따리를 보고 UG가 한 말이다. 어떻게 알았을까? 구박을 받으면서도 웃음이 실실 새어 나온다. 홍콩에서는 쇼핑이 바로 일 아니던가. 그래서 정기 세일 폭이 딱 50퍼센트를 넘어서는 시기에 맞춰 다녀온 것이다. 구룡반도와 홍콩섬을 미친듯이 넘나들며 쇼핑몰이란 쇼핑몰은 죄다 누비고 다녔더니, 그 외에는 뭘 했는지 기억이 없다.

도쿄처럼 감각이 세련되지는 않지만 홍콩은 그야말로 쇼핑의 천국이다. 육아용품, 특히 아기옷을 구입하기에는 더없이 좋다. 아기옷 사는 재미가 어찌나 쏠쏠하던지 UG의 하프코트 살 돈까지 몽땅 써버리고 말았다. 지유 입힐 옷은 주로 자라(ZARA)에서 구입했다. 사이즈가 빠져 2, 3살짜리 옷을 사야 하는 경우도 허다했지만 세일 폭이 워낙 커서 실한 쇼핑을 할 수 있었다. H&M은 런칭한 지 얼마 되지 않아 사람들이 바글바글했다. 거기선 주로 실내복과 양말, 타이즈 같은 액세서리를 구입했다. 원래도 저렴한 브랜드가 세일을 하니 너무 싸서 그만 홀린 듯이 사고 말았다.

아기 엄마라면 특히 스탠리 마켓은 한번쯤 가볼 만하다. 시장 안쪽으로 깊숙이 들어가면 아기옷을 파는 점포가 여럿 있는데, 어지럽게 진열되어 있어 고르기가 힘들지만 잘 골라보면 폴로, 랄프 로렌 베이비, 베이비 갭, 짐보리 등 우리나라 엄마들이 선호하는 브랜드의 아기 옷이 꽤 섞여 있다. 택이 반쯤 잘려 나가 있고, B급 품질이지만 확실히 정품이다. 마카오에 OEM 공장이 많다던데 거기서 빼내온 게 아닌가 싶다.

민소매 티셔츠, 긴팔, 반팔 바디수트를 헤아려보니 족히 스무 벌은 되는 것 같다. 사계절 옷을 다 살 수 있다는 것도 홍콩 쇼핑의 장점이다. 다만 홍콩에 갭 매장이 없다는 게 조금 아쉬었다. 다음 여행지는 오사카다. 일본에는 갭과 무인양품이 있다. 후후. 거기에도 베이비 라인이 있다. 우선 매장이 어디 있나 위치부터 파악해둬야겠다.

feb 13 짧고 달콤한 오후

요즘은 여행 다녀와 원고 정리하고, 연재 칼럼을 쓰느라 바쁘다. 내가 일이 많아지면서 지유는 주중 낮 시간에는 할머니와 지낸다. 덕분에 나는 생활의 리듬감을 되찾았다.

보통 하루 일과는 이렇다. 오전 6시 반쯤 지유가 눈을 뜨면 먼저 우유를 먹인다. 혼자 노는 동안 샌드위치 등 UG 아침식사를 챙겨주고 다시 지유에게 이유식을 먹인다. 씻기고, 옷 입히고, 점심에 먹일 이유식을 챙긴 다음 유모차에 태워 시댁에 맡기고 혼자 집으로 돌아오면 8시 반에서 9시 사이다. 이때부터 오후 4~5시까지 온전한 나만의 자유 시간이다.

라디오 볼륨을 크게 올리고, 베란다와 방문 창문을 활짝 열어 환기를 시키고, 세탁기를 돌리고, 설거지를 한 다음, 청소를 하고, 마지막으로 스팀 청소기로 바닥을 닦고 나면 육아와 집안일에서 해방돼 오롯이 내 시간을 맞게 된다.

누구더라. 결혼해서 아이도 키우는 남자 개그맨이 언젠가 TV 오락 프로그램에 출연해서는, '아내도 있고 아기도 있고 얼마나 행복하냐'는 사회자의 질문에 '너무 행복하다. 그런데 아내와 아기가 친정에 가고 집에 혼자 있으면 그땐 더 행복하다'라고 진담 섞인 농담을 했더랬다.

완전 공감이다. 결혼을 하고 애를 낳아보기 전엔 결코 이 기분을 알 수 없다. 집안으로 간지러운 아침 햇살이 쏟아져 들어오는 이 무렵, 컴퓨터가 시동되는 동안 커피잔을 한 손에 들고 머릿속으로 하루를 계획하며 고요함을 만끽하고 있는 고양이들과 눈을 맞추는 순간, 에스프레소보다 더 진하고 달콤한 행복감이 밀려든다.

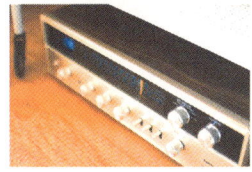

feb 16 중기이유식 만들기

지유가 이유식에 무난하게 적응하면서 이유식의 양을 하루에 세 끼로 늘렸다. 생후 7개월에서 8개월 사이에는 미음에서 풀죽 형태로 한 끼에 120cc 정도 먹일 수 있다. 요즘은 밀크팬을 이용해 죽을 만드는데, 이틀치를 지어놓고 냉장실에 보관한다. 빈혈에 신경 써야 하는 시기라서 식단도 짜야 하고 각종 육수도 만들어 재워놔야 하는 등 번거로운 일이 많긴 해도, 지유가 음식 가리며 까다롭게 굴지도 않고 새로운 음식을 줄 때마다 반응이 무척 좋아서 재미있다.

여전히 간은 전혀 하지 않지만 생선과 육류도 사용할 수 있고 먹일 수 있는 야채의 종류도 늘어나서 좀 더 다양한 맛을 낼 수 있다. 잔멸치와 브로콜리, 버섯이나 두부, 흰살 생선이나 닭가슴살을 야채와 섞는 등 한 번에 두 가지 이상의 재료를 써서 이유식을 만들어준다.

가끔은 별식으로 쪄서 곱게 으깬 단호박과 고구마에 곱게 갈아 익힌 브로콜리를 갈아 넣고 묽게 스프를 만들어주기도 한다. 영양가도 높고 맛있게 잘 받아먹어 만들어주는 나도 신이 난다.

테이블 클로스

식탁을 다 덮을 수 있는 테이블 클로스를
만들고 싶었으나 종종 그렇듯이 이번에도 천이 약간 모자랐다.
러너와 식탁보의 중간쯤이랄까.
아쉬운대로 한가운데 걸쳐두고 쓰기로 했다.
손바느질이 느낌이 더 좋기는 한데
아무래도 재봉틀을 하나 구입하는 게 나을 듯하다.
드르륵 박아버리면 그만인 걸 몇날 며칠을
붙잡고 있자니 내가 왜 이러고 있나 싶다.
어쩔 수 없다. 재봉틀을 찾아 다시 인터넷 서핑 시작이다.

feb 21 핑거 푸드 놀이

엄지와 검지를 이용하여 물건을 집는 7개월에서 9개월 사이의 아기들에게는 손으로 집어 먹을 수 있는 간식거리가 필요하다.

지금까지 지유에게 먹여본 음식 종류는 잇몸으로 갈아먹기 쉽게 푹 익힌 고구마와 잘게 썬 과일, 치즈 조각, 입에서 잘 녹는 와코도 유아과자와 토스터기에 구워 가느다랗게 썬 식빵 조각 정도이다. 영양을 보충한다기보다는 음식을 씹어 먹는 방법을 가르치고, 또 다양한 맛과 질감의 음식을 체험하게 하고 삼키는 데 익숙하게 만들기 위한 목적으로 먹인다.

손가락을 많이 사용하면 미세한 움직임의 발달을 돕기도 하고 두뇌 활동도 활발해진다. 아기를 바닥에 내려놓고 집안일을 해야 할 때도 이런 간식거리는 꽤 유용하다. 음식이 목에 걸리지 않는지 잘 지켜봐야 하지만 스스로 먹는 재미에 푹 빠져 한참 동안 열중해주기 때문이다.

feb 28 기어다니는 기쁨

지유가 무릎으로 기어다니기 시작했다. 균형도 잘 잡고 몸통과 팔다리가 조화롭게 움직이며 방이며 거실을 들락날락 오간다.

문득 예전에 육아 커뮤니티에서 읽었던 '기어다니기'에 관한 재미난 기사가 기억난다. '기어다니기'는 아기 성장을 가속화시키는 부스터 역할을 한다고 했던가. 아기는 기어다니기 시작하면서 자기가 뒤를 돌아볼 수 있다는 사실을 발견하게 되고, 엄마가 어디 있는지 스스로 확인하면서 엄마와 새로운 관계를 형성한다는 것이다. 또한 기어다니게 되면 어떤 특정 물건을 집으려고 움직이면서 물건이 실제로 어디에 얼마나 멀리 떨어져 있는지를 실감하고, 물건이 멀리 떨어져 있으면 더 열심히 멀리 기어가야 한다는 것을 깨닫게 된다.

안겨서 움직일 때는 방금 뭘 지나쳤는지 신경쓸 필요가 없었지만, 지유도 기어다니면서 서서히 주변 환경을 인식하고, 때로는 엄마가 있는 곳으로 가려면 식탁과 의자로 둘러싸인 좁은 길을 선택할 것인지 아니면 돌아서 다른 넓은 길을 선택할 것인지 고심하는 듯한 모습도 보인다.

그러면서 자기 앞에 펼쳐진 숱한 유혹거리들을 직접 손으로 만질 수 있게 되는데, 물건을 만질 때 아기가 느끼는 기쁨은 말로 표현할 수 없을 정도란다. 물론 엄마가 "안돼, 그건 지지." 하는 식의 제약을 자꾸 걸기 때문에 짜증도 더 많이 내지만 말이다.

feb 18 반짝이는 모험가

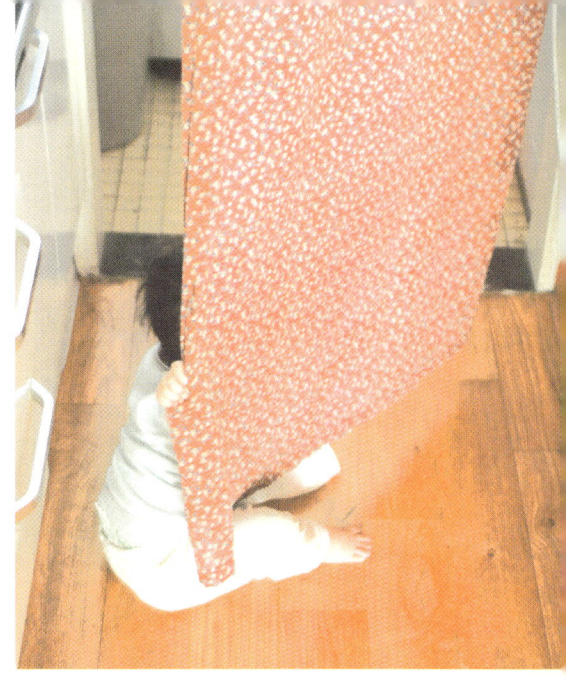

자유자재로 이동하는 능력이 생긴 지유에게서 한시도 눈을 뗄 수가 없다. 거실 바닥에 놓아두던 고양이 밥그릇부터 시작해 조금이라도 위험해 보이는 물건은 모조리 손이 닿지 않는 높은 곳에 올려놓았다.

아침에 눈을 뜨면 지유는 서랍을 열어 그 안의 물건을 하나씩 집어들어 만지고 빨고 분석하는 일을 한다. 종이도 무척이나 좋아한다. 매일 똑같은 행동을 반복하지만 말릴 수가 없다. 사명감이라도 가진 양 매우 성실하게 맡은 바 임무에 매달리기 때문이다. 어지럽혀도 그대로 놀게 놔두는 건 지유가 집안을 탐색하는 일에 몰두하고 있는 동안 내 시간이 생기기 때문이기도 하다.

서랍에서는 진작에 날카롭거나 입에 넣어서는 안 될 물건들은 걸러냈다. 대신 숟가락이며 딸랑이 그 밖에 조금이라도 흥미를 보이는 작은 물건들로 가득 채워두었다. 서랍 뒤지기 임무를 수행하고 나면 그 다음에는 커튼이 있는 곳으로 이동해 잡아 흔들기 시작한다. 이어서 휴지통을 뒤지고 화장실에도 들어간다.

즉, '그쪽은 가면 안 되는데' 싶은 장소로만 가고, '저건 손대지 말았으면' 하는 물건만 정확히 골라가며 만지는 것이다. 그러면서 늘 엄마 눈치를 살핀다. "안돼. 하지마!" 하고 일일이 반응하면 더 고집을 피운다. 짐짓 무시하는 척 아무 반응을 보이지 않는 게 최선이다. 그러다 보면 어느새 반항적인 행동을 슬며시 멈춘다.

그나저나 아무래도 거실 바닥에 놓인 콘센트들이 계속 마음에 걸린다. 그걸 다 치우려면 우선 거실에 놓인 컴퓨터 책상부터 옮겨야 한다. 이참에 아기 방도 만들어볼까. 대공사가 필요한 일이라 차일피일 미뤄왔는데 더는 그럴 수가 없을 것 같다.

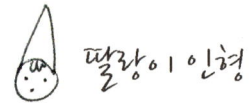 딸랑이 인형

UG의 친구가 딸아이를 얻었다.
아기가 역아라 제왕절개 수술을 받은 모양이다.
지유도 막달까지 거꾸로 있어서 애태웠던 기억이 난다.
아기옷 쇼핑몰을 운영하던 그 친구의 부인이
지유가 태어났을 때 바디 슈트를 한아름 챙겨 보낸 게 생각나
보답도 할 겸 딸랑이 장난감을 만들었다.
아기가 좋아할까. 엄마 마음에도 들어야 할 텐데.

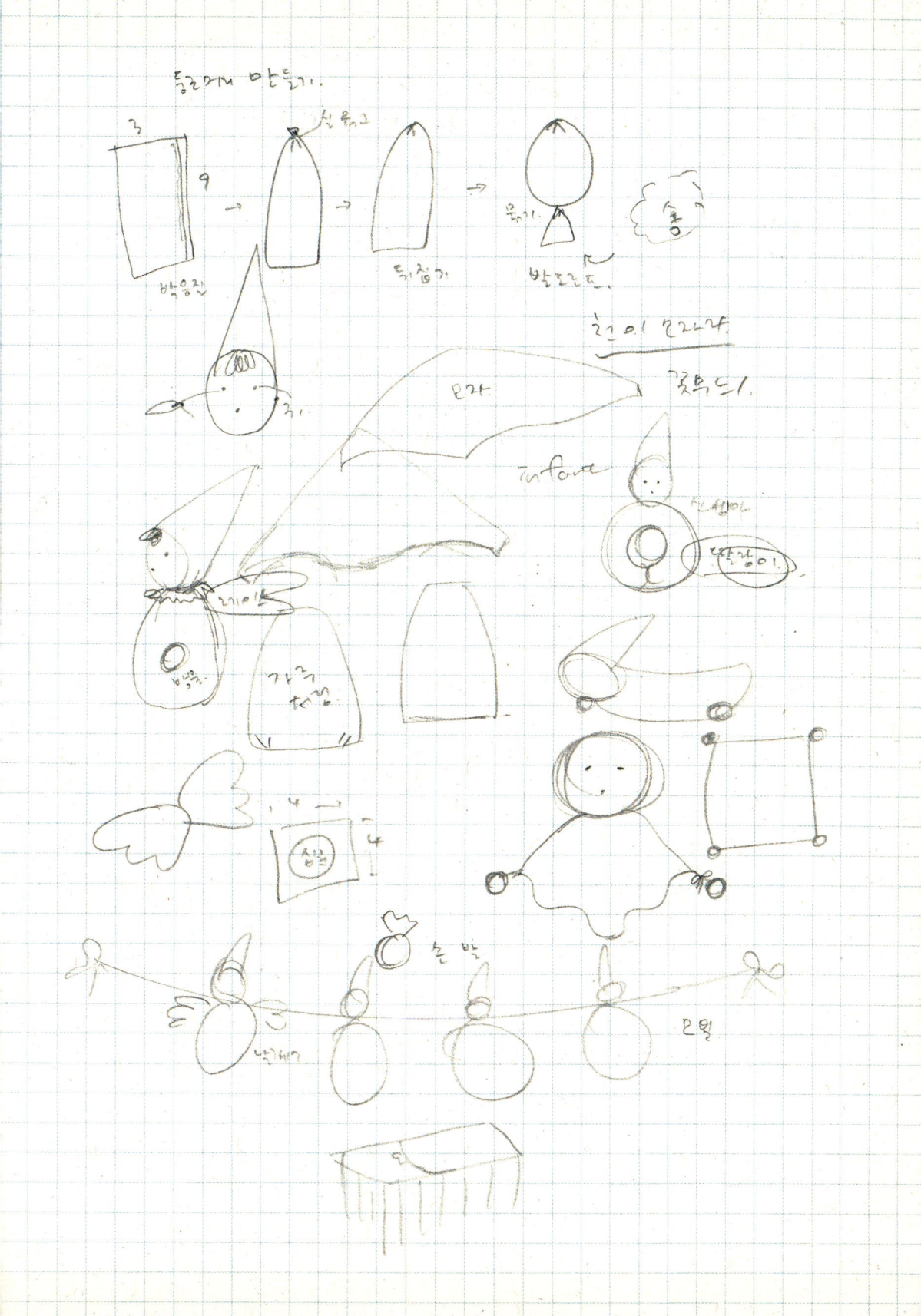

mar 16 쇼콜라 봉봉 가출 사건

마치 아무 일도 없었다는 듯 태연한 쇼콜라와 봉봉. 마음 같아서는 궁둥이를 팡팡 두들겨패주고 싶다. 아침에 일어나 UG 출근 준비를 시키는데, 평소와 다르게 뭔가 허전한 느낌이 들었다. 왜 그런 건지 감이 안 잡혀 주위를 두리번거리는데, 이럴 수가! 고양이들이 안 보였다. 화들짝 놀라 화장실에도 가보고 침대 밑도 들여다보고 구석구석 찾아 헤매는데, 작은 방 창문의 방충망이 활짝 열려 있는 게 눈에 들어왔다. 가슴이 철렁 내려 앉았다.

어떻게 덧창이 열린 건지, 언제 빠져나간 걸까, 혹시 신문이나 우유 배달원이 고양이를 보고 호기심에 열었나 등등 오만 가지 의문을 가득 품은 채 UG는 비상계단으로 나가 아래층으로 훑어 내려갔고, 난 아기를 업고 위층으로 뛰어 올라가 계단과 복도를 샅샅이 살폈다.
천만다행하게도 쇼콜라는 1102호 문 앞의 화분과 세발 자전거 사이에서 발견됐다. 3층 비상계단에서 울고 있던 봉봉은 UG가 찾아왔다. 고양이는 집을 나가도 처음에는 멀리 가지 않는 습성 덕에 무사히 돌아올 수 있었다. 집에 돌아온 쇼콜라는 갈라진 목소리로 야옹거렸다. 찬바람을 맞아 목이 쉰 것이다. 녀석들, 집이 얼마나 편하고 좋은지 좀 알았을까.

생후 9개월
[issue] 호기심 대마왕

- 상당히 능숙하게 기어다니고, 종종 가구를 붙잡고 서 있기도 한다.
- 여기저기 다니며 모든 걸 들춰보기 때문에 가는 곳마다 아수라장이 따로 없다.
- 손으로 뭔가 만지고 느끼는 걸 재미있어 한다.
- 장난감보다 TV 리모컨이나 전화기를 더 좋아한다.
- 이름을 부르거나 '안돼' 하는 말에 반응을 보인다.
- 거울에 비친 자신을 볼 때마다 까르르거리고, 음악이 나오면 앉은 채로 궁둥이를 들썩거린다.
- 손놀림이 좋아져서 엄지손가락과 집게손가락만 이용해 작은 물건을 집기도 한다.
- 좋고 싫음의 의지 표현이 확실해졌다.
- 기분이 좋으면 높은 음으로 소리를 지른다.
- 아빠와 장난을 치며 소리나 표정을 흉내내기도 한다.

apr 07 지유 방꾸미기

이른 아침 지유를 할머니 댁에 보내놓고 옷방으로 쓰던 작은 방을 말끔히 치워냈다. 옷정리를 마친 후 시간이 남기에 글루건과 노끈을 이용해 방문에 지유 이름을 새겨 넣었다. 살짝 허전해 요시토모 나라의 엽서책에서 지유를 닮은 듯한 엽서도 한 장 떼어내 그 아래 붙여주었다. 지유 방이라는 영역 표시인 셈이다.

지유 방 창가에는 CD 플레이어를 달았다. 줄을 살짝 당기면 플레이어가 작동된다. 지유가 좀더 자라면 쉽게 켜고 끌 수 있을 것이다. UG가 일본에 출장 갔을 때 사온 무인양품 제품인데, 집이 지은 지 20년 넘은 아파트라 110볼트 콘센트가 방마다 붙어 있어 북미 지역이나 일본에서 산 전자제품을 쓰기가 편리하다.

apr 21　혼자 떠난 일본 여행

일본 간사이 지방으로 여행을 다녀왔다.
밤이 되면 보채는 건 여전하지만
일주일에 적어도 사나흘은 할머니 댁에 가서 놀며
적응해온 덕분에 이번에는 어머님도
지유도 많이 힘들어하지는 않았다.
다만, 사방에서 흩날리는 교토의 벚꽃을
혼자 보는 것이 진정으로 아깝다는 생각을 했다.
지유가 이걸 못 보는 게 너무 안타까웠다.
나중에 데려오면 될 텐데 말이다.

고베에서는 우연히 예쁜 잡화점을 발견했는데,
주로 핸드메이드 소품을 취급하는 작은 가게였다.
가격이 적당해서 지유 방에 붙일 나무 걸이를 하나 샀다.
벽에 달고선 오사카에서 사온 앙증맞은 곰 인형 가방과
내 낡은 청바지를 헐어 만든 강아지 인형을 걸었다.
급히 만들어서 바느질은 엉망이지만,
한때 파리에서 꽤 유행했던 인형이다.

언제쯤에나 지유가 엄마가 만든 인형을 갖고 놀 수 있을까.
언제가 되야 저 가방을 매고 뛰어다닐 수 있을지, 그 광경을
상상만 해도 목이 간질간질하고 싱글거리며 웃게 된다.

apr 22 아기 물건 쇼핑 삼매경

오사카, 교토, 고베. 간사이 지방의 대표적인 세 도시에 다녀왔다. 여행 일정이 빡빡해서 쇼핑할 시간이 거의 없었지만 갭(GAP) 매장은 도시마다 눈에 띄면 다 들어가봤다. 하지만 아쉽게도 봄에서 여름으로 시즌이 넘어가는 시기인지라 세일하는 품목들은 원하는 사이즈가 빠져 산 게 별로 없다. 대신 오사카 중심가에 있던 무인양품 매장에서 레깅스와 티셔츠 몇 벌을 세일가로 구입했다. 질은 잘 모르겠지만 가격은 갭보다 훨씬 더 저렴하다. 품목도 다양하고 디자인도 심플해서 마음에 쏙 든다.

예전 도쿄 여행 때는 아이에 관심이 없을 때라 잘 못 느꼈는데, 오사카에서 보니까 지하철 내부가 엄마들이 유모차를 가지고 다니기 편리하게 정비되어 있어 새삼 부러웠다. 또 하나 눈에 띈 건 많은 엄마들

고베의 조그만 중고품 가게에서 발견한
목재 말 인형과 손바닥 크기의 낱말 익히기 그림책.
쓰던 제품이라 매우 저렴한 가격에 구입했다.

무인양품 매장에서 골라온 아기 모자와 원피스.
그 밖에도 유아용 배낭과 우산, 장화, 목재 장난감과
세발 자전거 등이 무척 탐이 났다.

이 아기 다리를 훤히 드러내놓고 다닌다는 점이다. 일본에선 한겨울에도 짧은 반바지만 입혀 유치원에 보낸다고 하더니 갓난아기 때부터 추위에 적응하도록 하려는 건지 비가 오고 쌀쌀한 날씨에도 바지는 커녕 양말도 안 신긴 엄마들이 무척 많이 보였다. 나도 시원하게 키워야 감기에 덜 걸린다는 입장이긴 하지만 아기들의 맨 다리를 볼 때마다 가서 뭐라도 좀 덮어주고 싶은 생각이 굴뚝 같았다.

그러고 보니 홍콩도 특징이 있다. 쇼핑몰이 워낙 많은 탓도 있겠지만 낮시간 동안 쇼핑몰에서 시간을 보내는 아기 엄마들(사실, 보모들이 대부분이지만)이 정말 많았다. 그곳에서 아기들을 볼 때면 저 녀석들은 쇼핑하는 법부터 먼저 배우겠구나 싶은 게 왠지 안쓰러웠다.

오사카의 잡화 매장에서 구입한 소품 보관 케이스.
지유가 좋아할 만한 카드와 그림 엽서를 담아주었다.
이탈리아 짐볼 완구 로디(Rody). 앙증맞고 운동 효과도 높다.

일본에서 인기 있는 캐릭터인 슈크레와
럽빠빠를 주인공으로 한 유아용 그림책.
단순한 내용이지만 일러스트가 사랑스럽다.

apr 24　엄마의 작업실

UG가 끝까지 자기 방이라고 건드리지 말라던 방에 내 컴퓨터를 설치했다. 주로 컴퓨터 게임을 하거나 담배를 피우던 방인데 그 기능은 상실한 지 오래이고 이 방에 내 물건을 넣지 않고서는 도저히 집이 정리가 되지 않았다. 달래고 협박하고 떼 써가며 간신히 UG를 설득하는 데 성공했다.

안방에 있던 가구를 밖으로 빼내고 침대 위치를 바꾸고, 새로 구입한 서랍장을 들여놓고, 작업실까지 새로 꾸미느라 어깨 허리 무릎 안 결리는 데가 없다. 그런데 해놓고 보니 어쩐지 낯설다. 이 방에서 일하는 데 익숙해지려면 시간이 꽤 걸릴 것 같다.

작업 테이블

불투명 유리 상판에 철재 프레임을 두른 이 테이블은 한때는 식탁으로 썼다가, 컴퓨터 작업대로도 썼던 것이다. 2005년 겨울, 홍대 앞 카페 '비하인드'에 UG와 차를 마시러 갔다가 우연히 헐값에 내놓은 것을 보고 한달음에 들고온 것이다. 안방 구석으로 옮겨놓고 보니 바느질할 때 쓰면 좋겠다는 생각이 들어 반짇고리와 원단 바구니, 여기저기 흩어져 있던 소품들을 가져다 꾸며보았다.
완벽하고 고요한 나만의 자리가 생겼다.

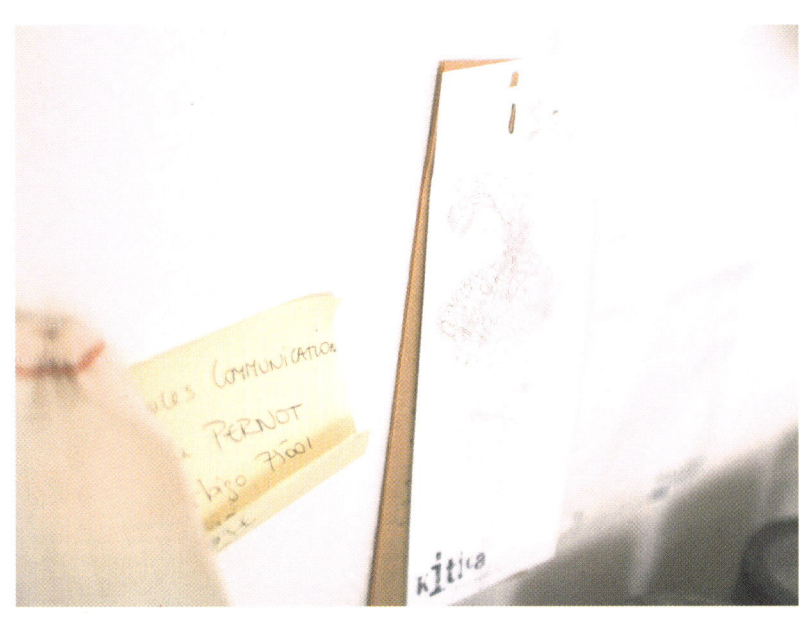

작업 테이블 위에 놓인 작은 소품들은 수년에 걸쳐 모은, 내겐 각별한 의미가 있는 것들이다.
사진꽂이에 걸려 있는 엽서, 명함, 티켓에는 파리에서 보낸 꿈 같은 시간들이 담겨 있고,
코르크 마개와 소다 병뚜껑 등을 보면 캐나다에서 빈티지 물건을 사모으던 기억들이 떠오른다.
여행지에서 사모은 작은 소품 하나하나가 나에겐 소중한 추억이자 내일을 향한 꿈이기도 하다.

note 08　생후 11개월
　　　　〔issue〕고집쟁이

 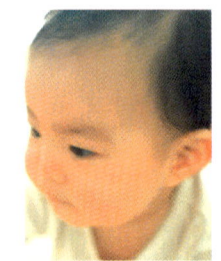 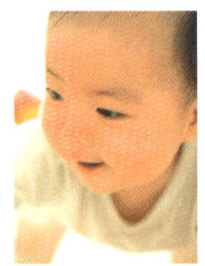

- 체중은 태어났을 때의 약 3배이며, 키는 약 1.5배다.
- 다리와 허리가 길어져서 유아의 체형에 가까워졌다.
- 옷을 입힐 때, 팔을 쭉 뻗어 도와준다.
- 같은 또래보다는 자기보다 조금 큰 아기에게 관심을 보인다.
- 움직임이 활발해져 몸이 단단하고 날씬한 느낌이 든다.
- 손을 잡아주면 조금씩 걷는다.
- 손끝도 잘 쓸 수 있게 되어 무엇이든 손에 쥐고 있기를 좋아한다.
- 자기 주장이 한층 강해져서 싫은 것은 절대로 하지 않으려고 든다.
- '바바', '다다' 등 같은 음절의 단어를 옹알거린다.
- 아기가 내는 소리를 똑같이 흉내 내면 자기도 따라서 소리낸다.
- '짝짜꿍'이나 '곤지곤지'를 시키면 가끔 따라하기도 한다.
- '이리 와봐', '그거 줘봐' 등의 명령어를 알아듣는다.
- 바닥에 앉아 있을 때 손을 바닥에 짚지 않고 똑바로 앉는다.
- 가구 곁에 세워두면, 기대지 않고 손만 댄 채 설 수 있다.
- 장난감을 손에서 손으로 왔다갔다 하며 옮긴다.
- 자동차 장난감을 움켜쥐고 바닥에 굴리면서 논다.

may 03 난 이제 더 이상 아기가 아니에요

지유는 현재 구강기다. 보통 생후 6개월에서 12개월 사이의 아기들은 손에 잡히는 모든 것을 입으로 가져가 욕구를 충족하려는 행동을 보인다. 물건을 보면 집어서 요리조리 살펴보기도 하고, 한 손에서 다른 손으로 옮겨 잡기도 한다. 바닥에 내리치거나 일부러 떨어뜨리기도 했다가 다시 입으로 가져간다. 이런 행동을 통해 물체의 존재와 형태를 인지하는 것이다.

지유의 행동도 전과 완전히 달라졌다. 걸음마 연습에 몰두해 시도때도 없이 엄마에게 손을 잡아 달라고 떼를 쓰는 것은 물론 지혜도 하루가 다르게 늘고 있다. 또 '난 이제 더 이상 아기가 아니에요' 라는 듯 엄마 아빠 품에 안기는 걸 거부한다. 전보다 더욱 강한 의지를 보이며 뭐든지 자기 뜻대로 하고 싶어한다. 밥을 먹을 때도 손목이 뻣뻣해서 흘리기만 할 뿐 입에 들어가는 게 거의 없는데도 꼭 쥔 숟가락을 절대 놓지 않으려 한다.

아빠가 출근할 때면 손을 휘이휘이 내저으며 빠이빠이 하는 시늉을 하고, 배고플 때, 목이 마를 때는 엄마에게 특별한 몸짓으로 신호를 보내기도 한다. 책장이 두꺼운 그림책은 자기 혼자서 보고, 밥을 먹을 때도 그렇다. 일단 하고 싶은 일이 생기면, 엄마 아빠가 들어줄 때까지 고함을 지르고 울어제끼며 끝까지 조른다. 자연스러운 성장 발달 과정일 뿐인데, UG는 이 녀석 고집이 보통이 아니라며 여간 걱정하는 게 아니다.

지유가 가는 곳마다 엉망진창이 돼서 쫓아다니며 뒤치다꺼리하는 일로 하루가 몽땅 흘러가지만 그래도 날이 갈수록 생동감이 넘치는 게 빛이 난다고 할까. 내 품에서 벗어나 있는 시간이 갑자기 늘어나 처음에는 좀 얼떨떨했다. 눈이 마주치면 방긋방긋 웃기만 할 뿐 때로는 한 시간 넘게 혼자 얌전히 놀기도 한다. 혼자 노는 모습을 가만히 관찰하노라면 어느새 나도 모르게 때이른 감회에 젖기도 한다.

may 08   아이의 세상에서 보낸 한 철

느리고 단순한 아이의 세상에 적응하면서
나는 이제껏 경험하지 못했던 시간을 맞이했다.

하루가 즐겁고 평화롭기까지 긴 시간 참고 기다린 건
엄마가 아니라 아이였다.

아이는 삶에 대한 애착과 새로운 희망을 줬을 뿐만 아니라
무엇으로도 살 수 없는 기쁨을 매일 맛보게 해준다.

하찮았던 모든 것들이 참된 의미를 갖게 되고
삶을 바라보던 내 철학과 태도도 천천히 바뀌어간다.

티슈 케이스

호시탐탐 식탁 위를 노리는 지유.

잠시 한눈 파는 사이, 식탁 끝에 놓인 티슈통을 잡아당겨 휴지를 다 뽑아냈다.

이럴 땐 화를 내야 할지 아니면 '이런 것도 할 줄 아네' 하고 기뻐해야 할지 도통 모르겠다.

종종 이럴 텐데 같은 일로 실랑이하지 말자 싶어 지유가 낮잠자는 사이 뚝딱 티슈 케이스를 만들었다.

두툼한 게 싫어 종이 케이스를 빼버리고 반 정도 들어갈 수 있는 크기로 만들고,

고리도 달아 벽에 걸었다. 아직은 무사하지만 지유 키가 더 자라 손이 닿으면

이 케이스의 운명은 또 어찌 될지 궁금하다.

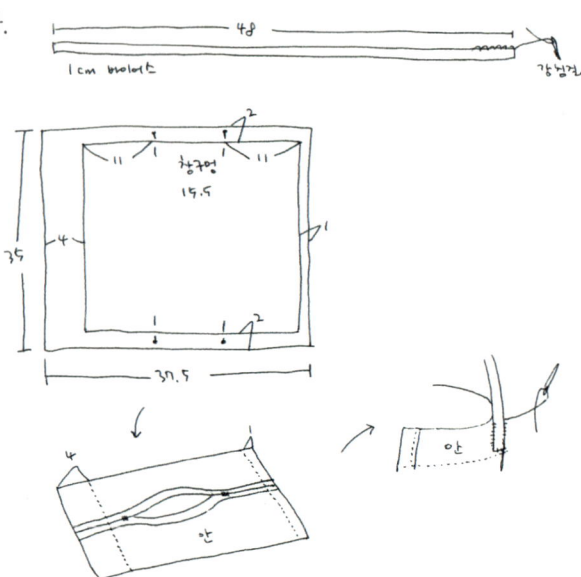

와인박스와 슈즈랙

UG의 사촌 중에 직업이 소믈리에인 동생이 있다. 시댁 제삿날에 오랜만에 만나 혹시 가게에 남는 와인 박스 없느냐고 물었더니, 마침 자기가 쓰려고 빼놓은 게 있다며 언제든 시간날 때 가지러 오라고 했다. 얼마 후 가게를 찾아갔더니 기다렸다는 듯 와인 박스 두 개를 건네주었다. 와인 박스의 용도는 무궁무진하지만, 우선은 책꽂이부터 만들기로 했다. 나무 곳곳에 박혀 있는 날카롭고 가느다란 못을 모두 뽑아내고 지유의 그림책들을 담아놓았다.

책이 한 눈에 보여 지유가 좋아하긴 했지만 금세 흐트려놓기도 하고, 다칠 위험이 있어 신발장 위에 놓아두고 쓰던 이케아 슈즈랙을 책꽂이로 대신 사용하기로 했다. 캐나다에 살 때 쓰던 건데, 값싼 물건이긴 해도 다양한 용도로 쓸 수 있는 소품인지라 이삿짐에 넣어 배에 실어온 것이다. 몇 년간 눈비 맞은 신발을 올려두었더니 색이 짙어지면서 나뭇결이 살아나서 제법 멋스럽다. 이것 역시 야트막해서 지유가 책을 꺼내거나 골라보기 쉽다. 물론 정리할 때도 무척 편하다.

may 15   치카치카 이 닦기

이제 슬슬 치아 관리를 해줘야 할 때인 것 같다. 젖니가 여섯 개나 올라왔다. 이가 나기 전에는 생각날 때마다 구강 티슈로 한 번씩 잇몸 마사지를 해주었는데, 이가 나면서부터는 손가락을 깨물어서 더는 그럴 수가 없다. 아직 아기라고는 해도 이유식을 먹어서 그런지 입 냄새가 나기도 한다.

어느 날 갑자기 내가 양치하는 모습을 보고는 자기도 달라고 하기에, 실리콘 칫솔을 하나 사서 손에 쥐어주었다. 물론 치약만 쪽쪽 빨아먹을 뿐 제대로 닦지는 못한다. 관찰해보니 실리콘 칫솔은 제대로 닦이는 것 같지 않아 새로 조르단 스텝 1 칫솔을 장만했다. 칫솔모도 아기 치아 크기와 딱 맞아 닦아주기가 매우 편하다.

다섯 살까지는 엄마가 닦아줘야 하는데, 어떤 날은 칫솔질하라고 입을 쩍 벌려주고 또 어떤 날은 입을 꾹 다문 채 끝끝내 반항을 해서 당최 규칙적인 칫솔질을 할 수가 없다.

아기가 삼켜도 전혀 해가 되지 않는 천연 원료를 사용한 벨레다 유아 치약.

이 닦는 과정이 이해하기 쉽고 재미있게 표현되어 있어 칫솔질을 거부할 때마다 보여주는 그림책.

may 13   지유의 첫번째 방

독립해서 혼자 잘 만큼 아이가 자라면 그때 가서 제대로 방을 꾸며주기로 마음먹고(실은 방이 너무 작아서 뭘 들여놓을 수가 없다) 일단은 놀이방 역할을 할 수 있게 아이 물건들을 정리했다. 이케아에서 주니어용 침대 매트리스를 하나 구입해 놀기 좋게 바닥에 깔고 우리 침대에 놓고 쓰던 여름 이불과 매트리스용 패드를 씌워 푹신함을 살렸다. 그 위에 커다란 쿠션도 올려놓았다. 꾸며놓고 보니 책을 읽어줄 때 편하게 기댈 수 있어 좋을 것 같다.

방을 꾸미면서 UG가 이 방을 탐내지 않을까 했는데, 아니나 다를까 새벽에 이 방으로 숨어들어가 잠을 청했다. 이제는 셋이 한 침대에서(아기 침대는 더이상 사용하지 않아 중고장터에 팔았다) 자는 데 큰 무리는 없으나 문제는 지유의 잠버릇이다. 자면서 두 다리를 번쩍 쳐들었다가 바닥에 '탁!' 하고 내리꽂기를 연발하는데, 뒤꿈치의 힘이 실로 대단하다. 처음에는 세 식구가 머리를 나란히 놓고 자지만 지유가 빙글빙글 돌며 자기 때문에 이 녀석의 킥이 우리 등이며 배에 꽂히기 일쑤다. 특히 UG는 매일 새벽마다 얼굴과 턱을 가격 당해 몹시 괴로워해왔던 터였다.

저녁 밥 먹고 목욕도 깨끗이 마치고 불 끄고 침대에 누워 잠이 올 때까지 아기랑 몸장난하고, 잠든 아기의 보들보들한 손이며 발을 조물락거리는 재미가 얼마나 쏠쏠한지, UG는 아직 잘 모른다.

지유는 따로 설명해주지 않아도 자기 방이라는 걸 단번에 눈치채곤 매우 흐뭇해 한다. 기특하게도 자기를 위해 무언가를 해주면 활짝 웃어보이며 넘치도록 감사 표시를 해준다.

와인 박스 두 개를 벽에 기대 세워 수납장으로 만들었다.
형태가 단순한 와인 박스는 다양한 용도로 활용이 가능해서
요긴하게 쓰인다. 지유가 잘 가지고 노는 장난감들과 그림책들을
보기 좋게 놓아두었다. 지유가 좀더 크면 소꿉놀이 용품들로
채워줘도 좋을 것 같다.

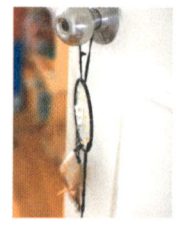

안방 문에 걸려 있던 드림캐처.
나쁜 꿈 꾸지 말라고
지유 방문에 걸어주었다.

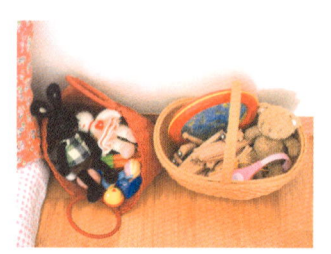

캐나다 여행 때 동부 어느
시골 농가에서 구한 말 발굽.
문을 고정시키는 데 사용한다.

may 25 오늘은 뭘 갖고 놀까

돌 이전의 아기들에게는 사실 놀잇감이 따로 필요없다. 장난감 전화기보다는 집 전화기와 휴대폰, TV 리모컨, 냄비 뚜껑이나 국자 같은 부엌의 살림도구들, 택배 상자, 신문 전단지, 비닐과 종이 등 집안 곳곳에 놓인 사물들을 훨씬 더 흥미로워하기 때문이다. 아기들은 어른들과 달리 단순한 걸 전혀 지루해하지 않는다. 매일 반복되는 규칙적인 일상을 오히려 안정적으로 느낀다. 그래서 버튼을 누르면 뭔가가 튀어오르고 요란한 멜로디가 흘러나오는 자극적인 장난감보다 모양과 형태가 단순한 장난감을 더 오래 잘 가지고 논다. 지유의 경우 돌이 지나 신체 발달에 균형이 잡혀가고 집중력이 높아지면서 자연스럽게 기능을 터득하고 꽤 오랜 시간 한 가지 장난감에 몰두해 갖고 놀기 시작했다.

a. 헤로스(Heros) 도형 끼워맞추기: 상자에 틀을 끼우고 도형을 집어넣는 목재 완구. b. 쉘코어(Shellcore) 컵쌓기 놀이: 인지 능력과 오감 발달에 도움을 주는 놀이 완구. c. 무인양품 목재 기차놀이: 타원형의 원목 레일이 포함되어 있다. d. 짐보리 (Gymboree)의 마라카스: 손에 쥐고 흔들며 리듬 감각을 익히는 타악기. e. 짐보리 손가락공: 손가락의 근력이 미숙한 어린 아기들도 쉽게 잡을 수 있도록 공 표면에 작은 구멍들이 뚫려 있다. f. 짐보리의 트레인 휘슬: 아이들이 불기 쉽고 음색도 곱다. g. 하바(Haba) 병원놀이세트: 목재로 된 주사기와 체온계, 알약병 등 깜찍한 진찰도구와 노란 붕대가 들어 있다. h. 하바 퍼스트 블록: 정육면체와 막대 꼬마 자동차 등 6개의 알록달록한 블록으로 구성되어 있다. i. 쌔씨(Sassy) 베이비 전화기: 가운데의 동그란 버튼을 누르면 전화벨 소리가 울리고 숫자 버튼을 누르면 영어, 스페인어, 프랑스어 3개 국어로 말이 나온다.

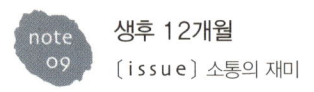

note 09 생후 12개월
〔issue〕 소통의 재미

- "공 어디 있지?" 하고 물으면 공이 있는 쪽을 바라본다.
- 좋고 싫음을 표현하기 위해 고개를 흔들거나 끄덕인다.
- 손이 닿지 않는 물건을 손가락으로 가리키면서 도움을 요청한다.
- 혼자서 몇 걸음씩 걷기도 한다.
- 한 손으로 가구를 붙잡은 채 이동하고, 물건을 집기 위해 몸을 굽혔다가 편다.
- 엄지와 집게손가락 끝을 이용해 빵부스러기처럼 작은 것도 집는다.
- 엄마와 그림책을 읽을 때 스스로 페이지를 넘긴다.
- 양말이나 신발을 신기거나 바지를 입힐 때 매우 능숙하게 도와준다.
- 인형을 보면 웃고 품에 꼭 끌어안고 토닥거린다.

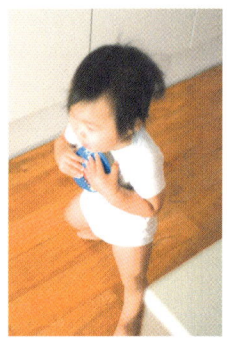

jun 03   밥먹이기 전쟁

생후 12개월은 짜고 맵고, 자극적인 음식이 아니라면 식탁에 올라오는 음식 대부분을 먹일 수 있는 시기다. 조개나 새우, 게, 생선, 딸기, 토마토, 밀가루, 귤, 레몬, 옥수수, 달걀 흰자 등 섭취할 수 있는 식품이 대폭 늘어난다. 돌이 지나면 점차 분유도 생우유로 바꿔 먹여야 한다.

지유는 벌써부터 이유식으로 만든 진밥 대신 어른들이 먹는 밥을 달라고 떼를 쓰는가 하면 식탁에 놓인 반찬들에도 관심을 보이며 손을 뻗친다. 음식에 취향도 생기고 밥 먹는 양도 줄었으며 입맛도 까다로워졌다. 밥을 먹이기 위해 참기름과 구운 소금으로 약간의 간을 하기 시작했다. 이제는 그날 바로 만든 것만 먹으려 드는 통에 다른 아기들처럼 밥 먹이기 전쟁이 시작됐다.

손으로 음식을 집어 먹고 밥을 여기저기 흘리며 지저분하게 먹는다. 밥 한 끼 먹일 때마다 옷을 갈아입히고 바닥 청소도 해야 해서 몹시 귀찮지만 아이가 그러는 건 충분히 이해할 수 있다. 그런데 이 녀석이 밥을 먹다 말고 낙하 실험을 한다. 고개를 바닥에 떨구고 숟가락이 얼마나 빠른 속도로 바닥에 떨어지는지 내려다보는 일에 빠져버린 것이다. 집어주면 언제까지고 계속 떨어뜨린다. 아이스크림 가게에서 플라스틱 숟가락을 얻어와, 떨어뜨릴 때마다 하나씩 건네주면서 밥을 먹이지만 실험이 끝도 없이 반복되면 나를 일부러 화나게 만드는 행동처럼 느껴져 어느 순간 참을 수 없는 지경에 이르기도 한다. 숟가락을 뺏어들고 밥을 떠 먹이려고 하면 얼마 먹지도 않고 뱉어 버리기 일쑤다. 하는 수 없이 지금은 바닥에 앉히고 밥그릇을 따로 놓아준다. 이 시기가 얼른 지나갔으면 좋겠다.

jun 08 1년의 기록, 성장앨범

생후 1년 간의 모습이 담긴 서른 장의 사진을 골라 성장앨범을 만들었다.
곧 첫돌을 맞이하는 지유를 위한 엄마의 작은 선물이다.

jun 11　고무 젖꼭지 떼기

누가 나에게 가장 요긴하게 사용한 육아용품이 무엇이냐고 묻는다면 주저 않고 고무 젖꼭지라고
대답할 것이다. 우리나라 의사들은 고무 젖꼭지를 물리면 이 사이가 벌어지거나 앞으로 돌출돼
뻐드렁니가 되기 때문에, 늦어도 2~3살 이전에 고무 젖꼭지를 떼야 치아 형성에 지장을 주지 않는다고
말한다. 하지만 외국에 살면서 유치원에 다닐 만한 아이가 고무 젖꼭지를 물고 있는 모습을
심심찮게 보기도 했고, 6세용 고무 젖꼭지까지 나와 있는 걸 보면 몸체가 가로로 길고 납작한 모양의
젖꼭지를 사용하면 별 문제가 되지 않는다고 믿는다. 중요한 건 이런저런 이론에 휘둘리는 것이
아니라 아이가 진정으로 원하는 게 무엇인지 살피고 욕구를 충족시켜주는 것이다.
지유는 생후 2개월 무렵부터 노리개 젖꼭지를 사용했다. 빨기 본능이 심한 시기에는 배가 고픈 것인지
그냥 뭔가 빨고 싶은 것인지 구분이 잘 안 간다. 그때 고무 젖꼭지를 물려보면 무얼 원하는지 금세
알 수 있다. 한때는 시도 때도 없이 고무 젖꼭지를 찾아 중독이 되면 어쩌나 걱정도 많이 했지만,
고무 젖꼭지가 아니었다면 지금까지도 침대에 눕혀 재우기는 여전히 힘들었을 것이다.
지유는 잠들 때까지 쪽쪽 소리를 내며 빨다가 깊은 잠에 빠질 무렵, 젖꼭지를 혀로 '퉤' 하고
뱉어내는데 그 모습을 볼 때마다 웃음이 절로 나온다. 다만 고무 젖꼭지가 입에서 너무 쉽게
빠지는 게 문제일 때도 있다. 깊은 잠에 들기 전에 고무 젖꼭지가 빠져 버리면 잠을 설치는
경우도 더러 있기 때문이다. 어떨 땐 낮에도 자기가 필요 없으면 그냥 자기도 하지만
때때로 고무 젖꼭지를 다시 입에 넣어주지 않으면 잠을 못 이루기도 한다.
지금은 스스로 고무 젖꼭지를 입에 넣고 뺄 수 있지만 예전에는 새벽마다 고무 젖꼭지를 찾아
물려줘야 하는 게 너무 힘들어 고무 젖꼭지를 떼려고 몇 차례 시도한 적도 있다.
물론 고무 젖꼭지를 내놓으라고 밤새 울고불고 야단이라 하루이틀만에 두손 들고 말았다.
그뒤로는 마음만 먹으면 언제든 뗄 수 있다는 생각에 물고 싶어할 때마다 주야장천 그냥
내버려두었다. 엄마들이 한결같이 때가 되면 스스로 알아서 뗀다고 하기에 그냥 둔 것이다.
그날이 언제일까 늘 궁금했는데 어느 날 거짓말처럼 고무 젖꼭지를 찾지 않게 됐다.
너무 낡아서 3세용으로 교체해준 것이 계기였는지도 모르겠다. 일주일쯤 지나면서 고
무 젖꼭지 물기를 거부하기 시작했다. 다만 예전처럼 잠들 때까지 엄마에게 안아 달라고
보채는 작은 문제가 생겼다. 지유야, 그냥 다시 고무 젖꼭지를 물 생각은 없는 거니?

jun 15　엄마의 재봉틀

주문한 재봉틀이 도착했다.
무슨 대단한 작품을 만들 것도 아니고,
그런 솜씨도 없고 그냥 쉽게 박음질만 하면 그뿐이라
무난하고 보편적으로 많이 쓰는 모델로 구입했다.
비싼 게 좋다고 했으면 UG가 선뜻 사주지도 않았을 것이다.
도구함을 정리하며 무얼 만들까
궁리하다 보니 어찌나 마음이 설레는지.
실제로 보니 더 매끈하게 생겼고
예전에 만져본 다른 재봉틀보다 소음도 훨씬 적다.
정말 마음에 쏙 든다.

테이블 매트

재봉틀로 만든 첫 작품, 테이블 매트.
재봉틀을 만져본 게 몇 년만인지 모르겠다.
일자로 드르륵 박기만 하는 것도 쉽지가 않다.
익숙해지면 좀 나아지겠지.
아직은 재봉틀을 쓸고 닦는 것만으로도 흐뭇하다.
이번에 만든 매트는 남아 있는 천의 크기가 들쑥날쑥해서
짝도 안 맞고 크기도 저마다 조금씩 다르다.
그래도 식욕을 돋우는 데 일조하지 않을까 싶다.
아이 키우느라 몸과 마음 모두 여유가 없었는데,
뭘 만들지 구상하는 것만으로도 기분이 좋아진다.
역시, 엄마에겐 취미가 필요하다.

jun 28　여름엔 피클

오이가 싸고 싱싱한 계절이 돌아오면 시어머님은 항아리에 맛난
오이지를 담가주신다. 그러면 난 피클을 한 병 담가 어머님께 드린다.
입맛 없는 여름철 밑반찬으로 피클 만한 게 또 없다.
아삭아삭한 맛을 살리려면 우선 오이가 잠길 만큼의 물에
소금 한 숟가락을 넣고 끓여 오이를 살짝 데쳐내야 한다.
물이 끓고 있는 사이, 냉장고에 남아 있는 무와 당근, 양파를 꺼내 썬다.
묵칼로 썰거나 길쭉하게 해보거나 모양과 재료는 마음대로 하면 된다.
피클은 월계수 잎과 통후추만 넣어도 맛은 비슷하게 난다고 하는데,
피클링 스파이스 한 병만 있으면 간편하게 만들 수 있다.
대형마트에 가면 손쉽게 구할 수 있는 향신료인데,
방산시장에 가면 싸고 넉넉하게 구할 수 있다.
데친 오이를 찬물에 담가 식히는 동안 다시 물을 끓인다.
대략 800cc 정도. 물이 끓기 시작하면 설탕 한 컵에 소금 두 큰술,
피클링 스파이스 한 큰술을 넣고 잘 녹도록 3분 정도 더 끓인다.
먹기 좋은 크기로 썬 재료를 병에 꼭꼭 눌러 담고 식초 한 컵을 부은 다음
끓인 물을 채워 넣는다. 그리고 뚜껑을 닫으면 완성.
차게 식혀 냉장고에 넣어두면 이튿날부터 먹을 수 있다.
나란히 세워놓은 피클 단지들은 보고만 있어도 마음이 뿌듯해진다.
오늘 저녁은 피클을 곁들인 채소 비빔밥이나 만들어볼까.

jun 29 조촐한 첫돌 파티

지유 돌잔치는 조촐한 가족 모임으로 대신하기로 했다.
UG나 나나 사람들 많은 자리에 나서는 걸 좋아하는 성격도 아니고,
오랜만에 연락해 아기 돌이니 오라고 하자니 아무리 생각해도 멋쩍었다.
돌잔치란 게 아이보다는 은근히 어른을 위한 잔치라는 생각도 있었고.
대신 내가 갖고 있던 호텔 뷔페 쿠폰에 동생이 준 두 장을 더 보태서
시댁 식구들과 함께 거의 공짜나 마찬가지인 점심 뷔페를 먹기로 했다.

지유는 자신이 오늘의 주인공이라는 걸 아는지 내내 행복한 얼굴이었다.
오사카 갭 매장에서 사온 흰색 여름 원피스에 요요플라워로
꽃잎을 만들어 실핀에 붙여주었더니 제법 차림새가 그럴듯하다.
생일 케이크는 무리를 좀 했다.
아이가 첫 생일을 추억할 수 있는 건 사진뿐이지 싶어서
전날 백화점 베이커리 매장에 가서 고르고 골라 사 온 것이다.

식구들 모두 오랜만에 근사하고 맛난 점심을 먹고
여유로운 하루를 보냈다. 지유에게는 신나는 '외식 데뷔의 날' 로 기억되려나.
혹시라도 나중에 물어보면 '네 돌잔치는 호텔에서 근사하게 차려줬다' 고
짐짓 생색이나 내야겠다.

note 10

생후 13개월

[issue] 유아기 시작!

- 키와 몸무게가 늘어나는 속도는 느려졌지만 체형은 점점 균형이 잡혀간다.
- 잠시도 가만 있지 못한다. 날이 갈수록 움직임이 활발해진다.
- 달리기도 하고 계단 오르내리는 놀이에 심취 중이다.
- 어른들이 먹는 음식에 관심을 보이며 자기도 달라고 한다.
- 흘러나오는 음악에 맞춰 몸을 흔든다.
- 밖에 나가 노는 것을 매우 좋아한다.
- 장난감보다 씽크대 안에 있는 물건들을 더 좋아한다.
- 손놀림이 섬세해져 숟가락과 포크를 능숙하게 사용한다.
- 컵에 담아준 우유나 물을 거의 흘리지 않고 혼자 마실 수 있다.
- 블록을 끼워맞추지는 못하지만 쌓거나 분해할 수는 있다.
- TV의 유아 프로그램을 보면 반응을 한다.

jul 04 시간의 진공 포장, 타임 캡슐

지유가 처음 갖고 논 딸랑이 장난감과
처음 신었던 신발, 지난 일 년간
사랑해 마지않던 고무 젖꼭지.

전주에 사는 지유 큰고모부께서
유명한 작명소를 찾아가 사주 감명 후
이름에 맞춰 좋은 한자를 지어주셨다.

가족 친지들에게 선물받은 백일 반지,
돌 반지 그리고 팔찌들도 한데 모았다.

미니 잼병에는 배꼽에서
떨어져 나온 탯줄이 담겨 있다.

태어나서 처음 입었던 배내옷, 속싸개,
첫 외출복이었던 꽃무늬 블라우스,
엄마 손목과 아기 발목에 채워져 있던 확인표.

오랜만에 지유 방을 정리했다.
더는 갖고 놀지 않는 장난감들을 따로 모으고
서랍 속 작아진 옷들도 따로 분리했다.
수납함에 옷을 차곡차곡 개켜 담으며, 이렇게나
옷이 작았나, 아이가 이토록 조그마했나 새삼 놀랐다.
작아서 못 입는 옷과 신발, 장난감은 모두 지유의 둘째 고모가
일하는 중학교로 보낼 작정이다. 그 학교에는 지유보다
어린 딸아이를 가진 선생님들이 유난히 많다고 들어서다.

정리하다 보니 소중하고 의미 있는 물건들이 눈에 띄기에
벽장에서 빈 상자 하나를 꺼내와 가지런히 넣어보았다.
그래, 이건 이름하여 타임 캡슐이다.

고등학교 들어가던 해였나, 어머니가 안방 옷장 속에서
내가 중학교 1학년 때 입었던 교복을 꺼내 보여주신 적이 있다.
그때 낡고 색이 바랜 내 배내옷도 처음으로 보았다.
그걸 보관해왔다는 사실을 전혀 몰랐을 뿐더러,
내가 태어난 순간부터 나를 사랑해주고,
언제까지라도 나를 최고로 아껴줄 존재가 있다는 사실에
시큰한 감동이 밀려왔던 기억이 떠오른다.
이 상자도 꽁꽁 숨겨놨다가 20년 후에, 아니 이 녀석
시집갈 때 살림살이에 몰래 끼워 보내주면 근사하겠다.
어쩌면 감격에 겨워 눈물을 펑펑 쏟을지도 모르겠네.

jul 06 내 맘대로 고기 감자조림

일본 드라마나 영화를 보다 간혹 집안에서 식사하는 장면이 나오면 유심히 들여다보는 버릇이 있다. 소박한 가정식 반찬에 관심이 많아서다. 〈조제, 호랑이 그리고 물고기들〉(이누도 잇신 감독, 2004)을 보고 나서는 도쿄에 갔다가 생선 굽는 도구를 사와서 한동안 꽁치며 고등어를 집안 가득 연기를 피워가며 통째로 구워 먹기도 하고, 각진 달걀말이를 만들어보겠다고 매일같이 식탁에 달걀말이를 올리기도 했다. 드라마 〈런치의 여왕〉을 보고는 한때 오므라이스에 푹 빠져 소스 만드는 방법을 연구하기도 했다.

그 중에서 연구와 실패의 과정을 거듭한 끝에 나만의 완성태로 우리 집 식탁에 종종 오르는 일본식 반찬 하나가 바로 '고기감자조림'이다. 나른하다 못해 졸음이 쏟아질 만큼 잔잔한 일상 이야기가 주를 이루는 영화 〈카페 뤼미에르〉(허우 샤오시엔 감독, 2005)에서 가장 선명하게 남는 장면은 '내가 하면 이런 맛이 나지 않는다'며 엄마가 해준 감자조림을 맛나게 먹는 주인공 요코의 모습이다. 그 장면을 보면서 나는 군침을 꼴깍 삼키며 대체 어떤 맛이기에 하는 생각을 했었다. 내가 만든 고기감자조림이 그 맛과 비슷한지는 알 수 없지만 중독성이 매우 강한 것 같다. UG는 물론 지유도 이 반찬이 식탁에 올라올 때마다 매번 열광한다. 야채를 썰고 다듬는 일이 조금 번거롭지만 양념은 무척 쉽다. 먼저 양파, 당근, 감자를 적당량 깍둑썰기한다. 당근과 감자의 각진 모서리는 칼로 둥글게 다듬어야 부서지지 않고 모양이 살아난다. 나는 거기에 버섯과 연근, 때로는 삶은 달걀이나 실곤약을 곁들이기도 하는데, 냉장고에 뭐가 있느냐에 따라 부재료는 그때그때 달라진다. 단 돼지고기건 쇠고기건 고기가 꼭 들어가야 깊은 맛이 난다. 우선 냄비에 미리 맛술에 재워둔 고기를 넣고 식용유를 살짝 두른 후 볶다가 고기가 익으면 야채를 넣고 함께 볶아준다. 그리고 다시마를 우려낸 물을 야채가 자작하게 잠길 만큼 붓고 맛술과 간장, 청주를 각각 3큰술, 설탕은 1.5큰술 분량으로 넣으면 된다. 간장과 설탕의 양은 각자 입맛에 맞춰 조절하면 되고 국물이 반 이상 줄 때까지 졸이기만 하면 요리 끝.

요즘은 일본에서 맛본 밥알이 하나하나 살아 있으면서도 감칠맛 나는 오니기리(주먹밥) 맛을 그대로 재현해보고 싶어서 틈날 때마다 그 레시피를 찾아 헤매는 중이다. 영화 〈카모메 식당〉 (오기가미 나오코 감독, 2007)을 본 후부터인데, 조만간 이 숙제를 꼭 풀어볼 작정이다.

jul 10 담요 없인 못 살아

생후 9개월에 접어들던 무렵, 지유는 깊은 잠에 빠지기 전에 침대에 누이는 걸 허용하는 동시에 아기 이불 대신 써온 무릎 담요에 애착을 보였다. 담요 끝자락을 움켜잡고 만지작대면서 잠을 청하는 새로운 취침 의식이 시작된 것이다.

아기 때부터 쓰던 이불이나 인형은 엄마 아빠를 연상시켜 안정감을 준다. 특히 집이 아닌 장소에서 아기가 쉽게 잠들 수 있도록 도와주는 역할을 한다. 애정결핍으로 보는 시각도 많지만 엄마나 아빠와의 유대관계가 돈독한 아기들일수록 이런 성향이 더욱 뚜렷하게 나타난다. 또 보통은 아기가 분리불안을 겪을 때쯤 부모가 일부러 인형이나 이불에 애착을 갖도록 만들기도 한다.

소아과나 문화센터 등 유아들이 많이 모이는 장소에 가면 낡고 닳아빠진 곰 인형이나 꼬질꼬질 손때가 묻은 짱구베개를 소중한 보물인 양 꼭 붙들고 다니는 아이들을 심심찮게 볼 수 있다. 아기들은 깨끗하게 세탁한 것보다 엄마나 집안 냄새가 배어 있는 물건에 더 편안함을 느낀다고 한다.

시간이 흐르면서 지유의 담요에 대한 애착은 집착으로 변했다. 아침에 일어나면 한 손에 담요를 부여잡고 침대를 빠져나와서는 망토처럼 몸에 두르고 온 집안을 쿵쾅거리며 걸어다닌다. UG는 집에 '제다이'가 사는 것 같다는 농담을 했다. 키가 좀더 자라면 호빗족처럼 보일 것 같다. 잠잘 때뿐만 아니라 언제나 담요를 가까이 두려고 한다. 세탁해서 건조대에 널어놓으면 끌어내리려고 안간힘을 쓴다. 그러다 자기 힘으로 안 되면 짜증을 내다가 꺼내 달라는 표시로 엄마 다리에 매달리는 등 야단법석이다.

한여름에 담요를 둘둘 말고 자느라 땀을 뻘뻘 흘리는 게 안쓰러워 여름 이불 하나를 새로 만들어줬다. 쳐다도 안 볼 거라고 예상했는데, 놀랍게도 이불이 마음에 드는지 휘감고 다니며 잘 놀았다. 잘 때도 담요 옆에 새 이불을 슬쩍 놓아두었는데 별 거부감이 없었다. 시험 삼아 잠든 사이 몰래 담요 대신 이불을 덮어줘봤다. 그런데 기분 좋게 잠에서 깨어난 지유가 자기 몸에 새 이불이 덮여 있는 걸 알아채곤 화들짝 놀라며 새 이불을 휙! 하고 걷어내지 뭔가. 그 모습을 지켜본 난 그만 뻘쭘해졌다.

jul 12 사촌언니들과 사랑에 빠졌어요

파리에 사는 UG 막내누나의 딸들이 여름 방학을 맞아 한국에 왔다.
마지막으로 본 게 겨우 2년 전인데, 그새 서정이도 서영이도 훌쩍 커서 놀라웠다.
동시에 내가 그만큼 나이를 먹었구나 싶은 생각이 들면서 왠지 착잡해지는 이 심정.
서울 외할머니 댁에서 일주일쯤 머물다 전주에 사는 큰고모 댁으로 내려갈 예정이란다.
내가 일하는 동안 외할머니가 지유를 돌봐야 해서 큰고모가 두 조카를 맡기로 자원한 것이다.
프랑스는 초등학생은 물론 고등학생도 방학 숙제가 없다.
두 달 동안 온전히 노는 대신 학기 중 공부량은 한국 아이들보다도 많다.
어찌됐든 바캉스 시즌에도 일해야 하는 부모로서는 방학 내내 아이들을 돌보기가 힘들어
두 아이만 한국에 오게 된 것이다. 여전히 뛰어노는 걸 좋아하는 서정이와 서영이는
각종 과외에 시달리는 서울의 또래 아이들과 비교하면 동심을 잃지 않아 참 해맑다.
맏이 서정이는 볼수록 막내 시누이를 붕어빵처럼 쏙 빼닮았다. 쇼핑 좋아하는 것까지도.
둘째 서영이는 한국에 올 때마다 어릴 때부터 덮고 자던 여름 이불을 싸가지고 왔었는데.
올해는 이불 대신 커다란 인형들을 트렁크 가득 넣어왔다. 몸만 컸지 아직은 아이라는 게
보여서 슬며시 웃음이 나왔다. 지유도 이 아이들처럼 자유롭고 맑게 자라면 좋겠다.

100곡의 프랑스 동요가 담긴 두 장의 음반을 선물 받았다.
제목은 'Chanson et comptines de France'.
아이들이 부르는 노랫소리가 매우 사랑스럽고 선율도 달콤하다.

지유 방에 달면 좋을 것 같아 오래 전부터
구해 달라고 졸랐던 큐빅등. 길이는 3미터쯤 되고
장식 소품처럼 벽에 길게 늘어뜨리는 것이다.
큐빅 모양의 한지 속에 크리스마스 트리 장식에 쓰는
꼬마 전구가 하나씩 들어 있고, 긴 전선 끝에
온오프 스위치도 달려 있어 켜고 끄기 편하다.
밤에 색색의 한지를 통해 새어나오는 빛도
은은하지만 낮에 봐도 무척이나 근사하다.

특별한 날 입히라고 막내 시누이가 보내준 단아한 원피스.
흰색 볼레로를 걸치면 더 멋스러울 것 같다.

jul 20 그림책 읽어주기

책은 빨리 읽어줄수록 좋다는 건 맞는 말 같다. 이제 지유는 종종 혼자서도 책을 본다. 얼마 전까지만 해도 그림책은 지유에게 학습도구라기보다는 엄마와 소통할 수 있는 재미난 놀잇감에 불과했다. 그런데 지금은 그림책의 그림을 이해한다. 글이 많은 그림책을 읽어줘도 다 알아듣는 양 진지하게 몰두한다. 아기 때부터 책을 읽으면 사교육이 따로 필요 없다는 말도 있다. 그래서 좋은 습관을 들여준다는 생각에 책에 흥미를 잃지 않도록 지유를 무릎에 앉혀놓고 감정을 실어 또박또박 큰 소리로 구연동화하듯 재미나게 읽어준다.
아이의 반응을 살펴보면 실감나게 읽어준 책에 확실히 더 흥미로워 한다는 걸 알 수 있다. 어떤 날은 끝도 없이 책을 코앞에 들이밀어 무척 애를 먹기도 한다. '개구리 한 마리, 개구리 또 한 마리' 처럼 단순한 내용의 그림책을 오랜 시간 반복해서 읽어주는 일은 많은 인내심을 필요로 한다. 난 진력이 날 만큼 본 그림책을 지유는 매일같이 보고 또 봐도 전혀 지루해 하지 않는다. 내가 읽어주기 지쳐서 새 그림책을 사줘도 처음 한동안은 거들떠보지도 않는다.
아는 내용을 더 편안하게 느끼기 때문이다.
최근 들어 지유의 편독 증상이 더 심해졌다. 한 가지 그림책만 계속 반복해서 본다는 뜻이다. 어떤 그림책에 한번 관심이 생기면 적게는 서너 번, 많을 땐 열 번도 넘게 계속해서 읽어 달라고 조른다. 산만하게 페이지를 제멋대로 넘기고 좋아하는 내용이나 단어만 반복해서 읽어 달라고 할 때면 인내심은 사라진다. 이 녀석이 날 인간 레코더로 아나, 이쯤 되면 아이와 협상에 들어간다.
"이제 그만. 엄마는 이거 더 이상 싫어. 다른 그림책 가져와. 그럼 읽어줄게." 그러면 지유는 고개를 푹 숙이곤 한동안 꿈쩍도 안 한다. 나도 가만 지켜본다. 시간이 한참 지나 표정을 살피려 허리를 굽혀 얼굴을 들여다보면 토라진 표정으로 나를 쳐다보다가 "이꺼!" 하며 내게 다시 그 책을 내민다. 이번에도 역시나 지유 승리다.
스스로 글을 깨친다면 몰라도 나는 가급적이면 한글이나 숫자도 일곱 살 정도에 가르치고 싶다. 여러 나라에서 실험한 결과 다섯 살 때보다 일곱 살 즈음에 글을 가르쳐주면 더 흥미를 느끼며 빠르게 배운다는 기사를 보았기 때문이다. 다섯 살 미만의 아이들에게 글 읽기는 그리 어려운 일은 아니지만 글을 읽을 줄 알게 되면 그림을 보며 상상력을 키우거나 추리하는 능력이 줄어든다는 의견에 나는 전적으로 공감한다.

aug 15　가족 여행을 떠나다

UG는 참 쉬운 사람이다. 파리에서 살 땐 와인이 최고라고 했다가, 토론토에 살 땐 자긴 맥주 체질인 것 같다며 맥주만 마시고, 서울에 돌아와선 소주야말로 진정한 술이라고 부르짖는다. 어디 그뿐인가. 파리에선 매일같이 예술 운운하던 사람이 토론토에선 장거리 마라톤 대회라도 나갈 사람처럼 아침마다 숲에서 두 시간씩 뜀박질을 했다. 뭐 하나 꾸준하지 못하고 상황에 따라 이것에서 저것으로 쉽게 마음이 옮겨간다. 그런 그의 요즘 관심사는 시골 생활이다. 회사에서 늘상 보고 듣는 게 친환경이나 로하스에 관한 것들이니 어찌 보면 당연한 일이기는 하다. 그에게 늘상 설교를 듣다 보니 나 역시도 귀농에 관한 이야기나 온난화 같은 지구의 환경을 다룬 TV 다큐멘터리들이 무척 흥미롭게 다가온다.

UG도 나도 지방에 사는 가까운 친척이 없었다. 그런데 몇 해 전 니트 디자이너인 UG의 큰누나가 십수 년 운영해온 사업을 접고 대학 교수인 큰매형의 학교가 있는 전주로 아이들과 이사를 가면서 휴가 때 놀러갈 곳이 한 군데 생겼다. 큰시누이는 업계에서 알 만한 사람은 다 아는 이름난 디자이너였다. 나이 차이가 많아도 둘째와 셋째 시누이와는 허물없이 지내지만 큰시누이는 연예인처럼 멀어 보여서 늘 대하기가 어려웠다. 솔직히 나는 전주로 이사한다는 소식을 듣고 처음에는 정말 의아하고 신기했다. 그렇게나 화려한 경력과 직업을 갖고 바쁘게 살아가던 사람이 어떻게 하루아침에 소도시에 적응할 수 있을지 말이다.

큰시누이는 서울에 살던 때보다 지금이 훨씬 더 여유롭고 젊어 보인다. 그런 모습을 대할 때마다 난 괜스레 샘도 나고 부러워지면서 전주에 무한한 관심이 생긴다. 서울에서는 구하기 힘든 좋은 것들이 너무나 많이 보여서다. 어쩌다 친정에 다니러 올 때면 큰시누이는 서울에서는 구하기 힘들거나 값비싼 식재료와 음식들을 한아름 챙겨다주고, 매해 여름마다 매실과 복분자 엑기스도 담가 보내준다. 컨디션이 좋지 않은 날엔 한 잔씩 차로 마시는데, 신선하고 좋은 재료들로 만들어 그런지 맛이 정말 끝내준다. 내 나이도 어느덧 삼십대 후반이다. 몸도 전 같지 않고 자연히 건강에 관심이 높아진다. 몸에 좋다고 하면 개구리건 뱀이건 한번 먹어볼까 하는 충동도 든다.

UG는 얼마 전까지만 해도 '슬로우 시티'로 지정된 전남의 소도시들로 자료 수집차 출장을 다녔다.
슬로우 시티의 정의는 '느림의 미학'으로 요약된다. 앞만 보며 정신없이 달리는 삶에서
벗어나 환경을 최대한 존중하고 지켜내면서 인간 본래의 삶도 되찾자는, 다시 말해 로컬푸드를
소비하는 식으로, 나와 환경 모두가 무리하지 않고, 천천히 삶을 꾸려나가자는 태도라고 할 수 있다.
큰시누이는 이런 삶을 어느 정도 누리고 있는 듯하다. 집 근처에 있는 전주한울생활협동조합에서
무농약 무비료의 유기농 식품들을 사다 먹기 때문이다. 이곳은 생산자 공동체가 직접 운영하는 곳이라
신뢰도 가고 가격도 시중의 유기농 제품들보다 훨씬 저렴해서 무척 부럽다.
지유를 생각하면 정말 필요한 것들이라 그냥 부러운 마음만 품고 말 일은 아닌 것 같다.

우리는 일단 탐색 차원에서 올 여름 휴가를 전주에서 보내기로 했다. 가서 오래된 도시만의
정취도 느끼고, 남부시장 콩나물국밥이랑 전주비빔밥도 먹어보고, 또 전주 문화가 살아 숨쉬는
교동의 전통한옥마을도 둘러보고 돌아올 작정이다.
UG는 내가 그곳에 다녀오면 당장 이사 가자고 조르게 될 거라며 호언장담했다.
산 속에 아담한 집 하나 얻어 내손으로 직접 먹거리를 길러 먹으며 땀 흘리는 노동의 기쁨을 누리는
삶을 꿈꾸게 될 거라는 이야기였다.

aug 17 생애 최초로 만난 바다

전주의 지유 큰고모 댁에서 차로 한 시간만 달리면 바다를 볼 수 있다. 우리가 간 날은
마침 적당히 흐려 햇살도 강하지 않고, 사람도 없어 한적한 게 아이들과 놀기에는 딱 좋았다.
"서정 서영. 여기 갯벌이 넓은 게, 꼭 도빌에 온 것 같지 않니?" 내가 물었다.
아이들은 눈으로 주위를 한번 쓱 훑더니 아무 대꾸 없이 다시 하던 놀이에 열중한다.
"아님 말고."
아이들이 먼 바다까지 가서 물을 길어다 열심히 모래성을 쌓는다. 많이 해본 솜씨다.
지유가 뭘 안다고 언니들을 따라 삽을 들고 모래를 판다.
바다 한 번 보고, 아이들 노는 모양새 한 번 보고, 이렇게 멀거니 앉아만 있는데도
전혀 지루하지가 않다. 돌이켜보면, 현실인가 싶을 정도로 평온한 오후였다.

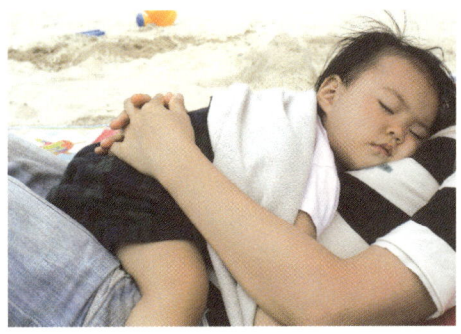

aug 18 바람과 차 한 잔

여행 이틀째 되는 날, 큰시누이가 서울에서 귀한 손님이 내려오면 꼭 한 번씩 모시고 간다는 전통찻집(문화공간 하루)을 찾았다. 첩첩산중에 큰 호수가 있고, 그 풍광이 한눈에 내려다보이는 언덕 위에 멋진 한옥이 있다. 본래 이곳에 있었던 게 아니라 어느 양반이 살던 한옥을 고스란히 뜯어 옮겨온 거라 했다. 찬찬히 살펴보니 서울의 한옥과는 전혀 다른 양식으로 지어진 것을 알 수 있다. 윤기가 곱게 흐르는 나무 기둥에서는 세월의 결이 느껴질 뿐만 아니라 창을 통해 보이는 풍경도 그 자체로 근사한 그림이었다. 사방 어디에 있어도 서늘한 바람이 목 뒤를 스치고 지나간다. 살아 숨쉬는 듯한 집이다. 볼수록 이런 집에서 살고 싶다는 욕심이 절로 생기는데 누가 어떤 마음으로 팔았는지 궁금했다. 어쨌든 찻집으로 개방되면서 나를 포함해 많은 이들이 이런 아름다움을 누릴 수 있다니 그저 감사할 따름이다.

aug 21   그림책의 힘

지유 큰고모가 10년 넘게 간직해온 그림책 몇 권을 지유에게 선물했다. 두 권은 파리 출장 때
사온 것이고 다른 책들은 이미 절판돼서 구할 수 없는 귀한 것들이다. 이처럼 시선을 확 사로잡을 만큼
사랑스럽고 매력이 넘치는 일러스트로 가득한 그림책을 보면 정작 지유보다 내가 좋아 가슴이 뛴다.
지유는 새 그림책을 보면 처음에는 별 반응이 없다. 내가 고른 책들이 아이 발달 수준보다 높은 경우가
많기 때문이다. 그래서 새 그림책을 사면 곧바로 보여주지 않고 스스로 흥미를 느낄 때까지
그냥 책장에 꽂아둔다. 그러다 보면 차차 새로운 그림책에 비상한 관심을 보이며 혼자
훑어보다가 결국에는 읽어 달라고 들고 온다.
아기들 장난감도 그렇지만 요즘 나오는 그림책을 보면 세상 참 좋아졌다는 생각이 든다.
어떻게 이런 표현 기법을 생각해냈을까 하고 감탄이 나오도록 그림과 사진이 절묘하게 어우러지거나
쉴 새 없이 상상력을 자극하는 이야기도 많다. 인생의 축소판을 보여주는 내용의 그림책도 있다.
그걸 읽다 보면 나도 모르게 눈시울이 뜨거워지고 목이 멘다. 어릴 때 나도 이런 그림책을 보고
자랐더라면 지금보다 더 나은 사람이 되어 있지 않았을까 하는 아쉬움도 든다.

어쩌면 그래서 요즘 엄마들이 집안을 각종 그림책이나 동화 전집들로 가득 채우는 데 몰두하는
건 지도 모르겠다. 솔직히 나는 거실에서 TV를 치우고 서재로 꾸미는 방식은 별로다.
그런 경우 대부분 각종 전집으로 책장을 채우게 마련인데, 나는 깊은 생각 없이 전집을 사들이는 것엔
관심이 없다. 그림책을 하나하나 살펴보며 고르는 게 어느덧 내 취미가 되기도 했고 말이다.
한때는 낱권으로 골라 사는 재미가 쏠쏠한 '벨 이마주 시리즈'에 홀딱 반했는데, 나는 대체로
일러스트레이터이자 작가인 존 버닝햄이나 앤서니 브라운, 그외 사카이 고마코나 시모나 후유코 같은
일본 작가들의 그림책에 마음이 끌린다. 특히 존 버닝햄은 내가 개인적으로 무척 좋아하는 작가다.
처음 존 버닝햄의 『알도』를 구입하려고 마음 먹었을 때, 지유가 주로 보는 그림책들처럼 내용이
단순하거나 색상이 밝지 않아 과연 이 책을 좋아할까 걱정이 앞섰다. 그런데 지유는 존 버닝햄의
그림의 매력을 바로 알아봤는지 금세 책에 푹 빠져 주인공 여자아이와 토끼를 뚫어져라 쳐다보며
책장을 넘길 때마다 뽀뽀를 해댔다. 지금도 지유는 그 책만 보면 '알도 알도' 하고 종알거린다.

note 11 생후 14개월
〔issue〕 아빠? 아빠!

이제 지유는 '아기야, 지지, 앗 뜨거, 맘마, 이거 그리고 아빠'라는 말을 할 줄 안다.
'아빠'라는 단어는 정확히 알고 사용하지만 아직 '엄마'는 잘 못한다.
아기들에겐 'B'나 'P' 발음이 'M' 발음보다 더 쉽기 때문에 '엄마'보다
'아빠'를 먼저 말할 가능성이 훨씬 더 크다. 이런저런 외국어를 봐도
아빠를 가리키는 단어의 첫머리가 'P'로 시작되는 경우가 많다.
아기의 입에서 나온 짧은 두 음절이 엄마와 아빠를 뜻하는 단어가 된 셈이다.

· 먹는 것에 도통 관심이 없다. 다시 떠먹여주길 원한다.
· 걸어다니던 아이가 갑자기 기어다닌다.
· 우유를 다 마시고 나면 씽크대로 가서 까치발을 하곤 개수대 안으로 컵을 집어넣는다.
· 기저귀를 갈아주면 헌 기저귀를 들고 휴지통에 버린다.
· 없어진 장난감이나 숟가락 같은 물건을 종종 휴지통 속에서 발견하곤 한다.
· 때로 방바닥에 드러누워 멍하니 허공을 바라본다. 우연히 그런 모습을 볼 때마다 깜짝 놀라게 된다.
· 놀다가 불쑥 다가와서는 뽀뽀를 하며 애교를 떤다. 조금 놀다가 또 와서 입을 맞춘다.
· 별 것도 아닌 일에 '으하하하' 하고 명랑한 웃음을 흘린다.
· 밥을 먹고 빨래를 하고 청소하고 옷을 입고 전화를 하는 등의 일상적인 일들을 이해한다.
· 아빠가 출근하려고 신발을 신으면 '또 저녁 늦게야 들어오겠군' 하는 표정으로 '빠이빠이'를 한다.
· 엄마가 누군가와 이야기를 나누거나 다른 일에 관심을 기울이면 버릇없이 굴면서 화를 낸다.
  엄마는 자기만 봐야 한다.
· 얌전히 블록을 잘 가지고 놀다가도 제 뜻대로 안 되면 헝클어 버리거나 집어던진다.
· 오전, 오후 두 번에 나눠 자던 낮잠을, 오후에 한 차례 길게 자는 것으로 습관이 변했다.
· 밤잠을 잘 때 늘 똑같은 시간에 깨어나 악몽이라도 꾼 듯 울어댄다.
· 전화놀이를 한다. 수화기를 귀에 대고 "아빠? 아빠!" 하고 소리친다.

Sep 01   세 식구의 동네 산책

주말이 되자 지유가 꼭두새벽부터 밖에 나가자고 아빠를 졸라댄다. UG는 일주일 내내 새벽 이슬을 맞고 들어온 터였다. 그 사정을 알 리 없는 딸내미는 제 의지가 관철될 때까지 죽은 척 누워 있는 아빠의 배 위에서 말타기를 한다. 결국 늦은 아침을 먹자마자 세 식구가 산책에 나섰다. 산책이라곤 해도 대개 아파트 단지 안을 어슬렁거리는 게 전부다. 오래된 단지라 울창한 나무숲과 뛰어놀기 좋은 공터도 많아 딱히 멀리 갈 이유도 없다. 간혹 비가 온 날에는 뒷산에 가기도 한다. 길이 닦여 있어 산이라고 하기도 뭣하지만 그곳의 소나무숲을 UG가 좋아해서다. UG는 거기 가면 피톤치드가 어쩌고 음이온이 어쩌고 하면서 숨을 크게 들이마시라고 성화를 해댄다. 모처럼의 아침 산책에 신바람이 난 지유는 아빠랑 잔디밭에 들어가 풀잎을 탐구하며 끝도 없이 환호성을 지른다. 요즘 지유는 아예 바깥에서 살고 싶어할 정도로 세상사에 관심이 많아졌다. 엄마로서, 정말 감개무량하다. 손 붙잡고 걸음마 연습부터 시작해 혼자 걷고, 유모차를 밀고, 계단을 오르내리고, 뛰고, 기어오르기까지 꼬박 반 년이란 힘든 시간을 보낸 게 스쳐 지나갔다. 최근에는 침대 오르내리는 일에 심취해 있다. 매일 아침 눈을 뜨면 '아, 맞다! 그거. 내가 이러고 있을 때가 아니지' 하는 비장한 표정으로 곧바로 연습에 돌입한다. 낑낑대며 기어올라갔다 내려오고 또 기어올라갔다 내려오곤 한다. 보고 있으면 어디 나사라도 하나 풀린 게 아닌가 싶다. 아이는 어른과 다르다. 작지만 비길 데 없이 근면하고 성실한 존재다. 이날 이때까지 잠시도 쉰 적이 없다. 새로운 능력이 생기면 능숙해질 때까지 끊임없이 실험하고 지쳐 쓰러지는 한이 있더라도 수백 번 반복하고 또 반복한다. 그렇게 흘린 땀과 노력의 결과로 오늘의 영광을 맞이하는 것이다.

sep 09 이유식 완료기

이맘때 아기들이 그렇듯 지유도 밥 먹는 데 흥미를 잃었다. 국에 만 밥만 간신히 떠먹는 정도라 미역국, 무국, 콩나물국, 북어국, 매일 바꿔가며 국을 끓인다. 보통 까탈스럽게 구는 게 아니다. 아무거나 주는대로 다 잘 먹던 아이라서 그런지 충격이 참 크다. 손이 많이 가긴 했어도 죽 먹일 때가 차라리 편했다는 생각이 들 정도다. 죽은 야채랑 고기랑 같이 넣어 먹이니까 영양 면에서 그리 문제될 게 없었는데, 반찬을 따로 하자니 신경이 많이 쓰인다.

고기를 그렇게 좋아하던 아이가 나름 정성을 들여 불고기에 장조림을 해다 바치면 우물우물 씹어 육즙만 쏙 빼먹고 고기는 뱉어낸다. 대신 UG가 지유와 밥 먹는 자리에서 오물오물 맛있게 먹는 모습을 몇 번 보여주자 입에 안 대던 생선은 잘 먹는다. 역시 밥 먹을 때의 분위기도 중요한 것 같다.

촉감이 부드럽고 냄새가 강하지 않은 걸 좋아하는구나 싶었는데 꼭 그런 것만도 아니다. 지유는 연근 같은 야채도 잘 먹는다. 예쁜 밥그릇에 담아주면 안 먹던 것을 먹기도 하는데, 음식의 생김새나 색깔도 영향을 주는 것 같고 도통 종잡을 수가 없다.

우유도 두돌 때까지 하루 최소 500cc는 먹어야 하지만 우유 섭취량도 덩달아 줄어 하루 필요량을 채우기 위해 대신 매일 한 번씩 플레인 요거트와 치즈를 먹이고 있다.

시어머님은 저러다가도 곧 잘 먹는 시기가 온다고 걱정 마라 하신다. 나도 밥그릇 들고 쫓아다니거나 애걸하며 먹일 생각은 없다. 몸이 원하는 만큼 필요한 걸 먹는 게 자연의 이치일 테니 말이다.

sep 14 아가, 어디 가니?

지유가 내 가방을 하도 갖고 놀기에, 제 몫으로 작은 손가방 하나를 만들어줬다.
"가방 들고 산책 가자." 했더니 좋아라 하며 한껏 애교를 떤다.
엘리베이터에 타자 안에 있던 아주머니 한 분이 지유를 보고 웃는다.
그러더니 지유에게 "어디 가니?" 하고 묻는다. 지유는 고개를 들고 손을 살랑살랑 흔들 뿐,
아직 누가 자기 식구인지 구별하지 못해 누구에게나 입을 헤 벌리고 인사를 한다.
나는 입가에 어색한 미소를 지으며 '이 아주머니를 언제 봤더라' 하고 골똘히 기억을 더듬었다.
같은 동에 사는 이웃이라도 어지간한 특징이 있지 않고선 얼굴을 기억하기가 쉽지 않다.
누군가와 엘리베이터를 함께 타도 시선을 돌리지 인사를 제대로 나누는 경우가 별로 없기 때문이다.
그런데 사람들은 아기 얼굴을 쉽게 기억한다. 보통 아기 얼굴은 빤히 쳐다보게 되기 때문이다.
어깨를 나란히 하고 걷던 UG가 문득 심각한 얼굴로 "저런 상황에선 몸둘 바를 모르겠어." 하고
말문을 열었다. "대답 못할 걸 뻔히 알면서 아기한테 어디 가니? 뭐 먹니? 몇 살이니? 그런 질문을
하잖아. 정말 아기한테 묻는 건지 아니면 나한테 반말을 하는 건지 알 수가 없단 말야."
나는 기가 차서 그저 웃음만 나올 뿐, 달려가는 지유를 쫓기 바쁘다.

sep 21 순수한 아이의 웃음소리

오늘 할 일은 내일로, 내일 할 일은 이 다음에 천천히.
누구보다 앞장서서 '슬로우 라이프'를 실천하며 사는 지유 아비 덕에 오늘에서야 지유 방에
등이 걸렸다. 불을 한 번 켤 때마다 지유가 두 팔로 큰 원을 그려가며 순수한 기쁨의 탄성을 내지른다.
오늘처럼 평생 웃을 일만 만들어줄 수 있다면 얼마나 좋을까.

OCT 12   어금니와 함께한 도약

또다시 잠 전쟁이 시작됐다. 처음에는 활동량이 늘어나서 그런 줄 알았다. 너무 고단하면 오히려 잠이 잘 안 올 때가 있는 법. 일단 시어머님과 상의 끝에 놀이터에 나가 노는 시간을 줄이기로 했다. 그런데 그게 아닌 모양이다. 낮잠도 잘 이루지 못한다. 낮에도 안아주어야만 겨우 잠을 잔다. 아니 안겨서만 자려고 한다. 막연히 또 한 차례 분리불안이 시작되었구나 하고 짐작했다.

문제는 10킬로그램이 넘는 아이를 안아재우기가 보통 힘든 일이 아니라는 점이다. 언제부턴가 계속해서 밤에 자다가 서너 번씩, 어떤 날엔 한두 시간 간격으로 계속 깨어나는데, 그럴 때마다 나쁜 꿈을 꾼 것처럼 서럽게 운다. 꿈속에서 엄마가 밥을 안 줬나? 대체 무엇 때문인지 알 수가 없어 답답하다. 아무튼 그렇게 매일 밤 잠을 불안하게 잔다. 해야 할 집안일이며 원고가 산더미인데, 지유 때문에 덩달아 나도 밤잠을 제대로 이룰 수가 없다. 지나갔다고 여겼던 시기, 즉 내 모든 삶을 아이가 지배하는 시절로 도돌이표를 찍은 것 같아 암담했다. 특히 징징대고 울음을 그치지 않으면 정말 신경질이 나서 나도 모르게 엉덩이를 찰싹 때리고 만다. 그러고선 갑자기 정신이 번쩍 들면서 미안해진다. 지유는 그런 내가 실망스러운지 다시 안아주려고 하면 팔로 밀어내고 발버둥을 치며 크게 화를 낸다.

그렇게 보름이 지났다. 이제까지의 경험을 돌이켜보면 힘든 시기는 대개 일주일, 길어도 열흘을 넘긴 적이 없었다. 너무 힘들어서 몸무게가 출산 전 원래 몸무게보다 5킬로그램 가까이 빠졌다. UG는 비실대는 나를 위로하기는커녕 돈 벌었다며 실없는 농담을 했다. 아무리 빼려고 해도 늘 한결같던 팔뚝 살과 허벅지 살이 온데간데 없이 사라진 것이다. 살이 쪄서 입지 못하던 예전 옷들도 몸에 꼭 맞았다. 단순하게도 나는 기분이 좋아졌다. 그러는 사이 지유도 다시 예전처럼 편안한 상태로 돌아왔다. 안아서 재워준대도 싫다며 전처럼 다시 침대 위를 뒹굴거리며 잠을 청하다 어느샌가 스르르 잠이 든다.

오늘 활짝 웃고 있는 지유의 입 안에서 하얀 물체를 발견했다. 애가 껌을 씹고 있나 싶어 놀라 꺼내주려고 입안을 자세히 들여다보니, 세상에 커다란 어금니가 양쪽에 불쑥 솟아나 있었다. 어금니가 나오려고 그렇게 힘들어 했던 건가. 말을 못하니 이 녀석 역시 나 못지않게 답답했을 것 같아 마음이 짠해지고, 어쩐지 함께 큰일을 치른 기분이다.

note 12　생후 16개월
〔issue〕 꼬마 과학자

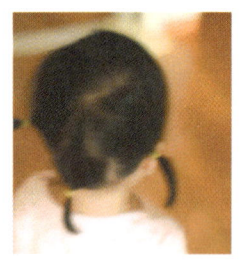  

· 그림책 대신 듀플로나 블록 박스를 들고와 같이 놀자고 조른다. 블록을 제법 높이 쌓는다.
· 때로 뾰족한 블록을 맨 위에 올려놓았다가 고개를 절레절레 흔들며 '아니야' 라고 말한다.
· 행동이 잘못되었다는 것을 알았을 땐 고개를 가로 흔들고 잘한 일을 칭찬하면 매우 기뻐한다.
· 오래 유모차에 태워도 전혀 지루해 하지 않는다. 사람들의 행동을 유심히 관찰한다.
· 한결 침착하고 진지해졌다. 오랜 시간 놀이에 열중하고 새로운 걸 탐구하며 호기심도 더 많아졌다.
· 밖에 나가고 싶을 땐 자기 신발을 가져와 엄마 코앞에 들이민다.
· 초인종이 울릴 때마다 깜짝깜짝 놀라고, 무서워하며 엄마 품에 찰싹 달라붙는다.
· 물을 채워 욕조에 넣어주면 조용히 물을 가지고 노는 것에 몰두한다.
· 진공청소기를 가져오면 하던 일을 멈추고 달려와 청소기로 바닥을 밀며 엄마 흉내를 낸다.
· 유모차뿐만 아니라 식탁 의자나 보조 의자 같은 큰 물건들도 이리저리 끌고 다닌다.
· 잠잘 땐 엄마가 항상 지켜봐주길 원한다. 함께 누워 있다가 고개를 다른 쪽으로 돌리면 질색한다.
· 아빠가 엄마 어깨에 팔을 올리거나 다리를 걸치면 짜증을 내며 질투를 한다.
· 하지 말라는 것들만 하는 날이 있다. 그런 날은 '하지마, 안돼'를 반복하며 기싸움을 벌여야 한다.
· 주도권을 잡으려고 든다. 엄마 말에 따를 것인지 말 것인지 나름의 전략을 짜고 시험해본다.
· 고양이 화장실을 청소하고 싶어한다.
· 엄마가 다른 일에 몰두하면 이때다 하며 방에서 빠져나간다.
· 원칙을 안다. 밥을 다 차리면 보던 책을 제자리에 가져다놓고 식탁 앞 자기 자리에 앉는다.
· 그림책을 보건 동요를 듣건 블록을 가지고 놀건, 스스로 하고 싶은 것을 한다.

oct 23 　옹알옹알 말 배우기

아기가 말을 배워나가는 걸 지켜보면 외국어를 배우는 과정과 크게 다를 게 없다.
그래서 지유의 행동을 보면 '봉주르' 밖에 모르던 내가 처음 파리에 가서 반벙어리 생활을 하던 때가 떠오른다. 잘 모르면서도 알아들은 척, 하.하.하. 어색하게 웃고, 누가 뭘 물으면 무조건 '위, 위' 하던 당시의 내 모습이 연상되는 것이다. 발음 연습을 하며 무의식적으로 웅얼거리고, 당황하면 겨우 익힌 단어들도 떠오르지 않아 머뭇거리기 일쑤고, 옆에서 남이 몇 마디 하는 소리를 알아 듣기라도 하면 우쭐해져 자신감이 넘쳐나고, 그러다가 어느 날 갑자기 슬슬 말문이 물밀듯 터지는 것만 봐도 그렇다. 단, 아기의 말 배우기가 읽기가 아니라 읽어주기가 먼저라는 점, 성인이라면 몇 년을 반복해도 어렵고 힘든 것을 아기들은 세 살 정도가 되면 거의 다 깨친다는 사실만 빼면 말이다.

언어를 익힐 때 필요한 건 첫째도 반복, 둘째도 반복이다. 아기들이 매일 똑같은 책을 보고 또 보는 이유도 반복해야 깨닫기 때문이다. 수다스러운 엄마를 가진 아기가 말을 빨리 익힌다. 그래서 엄마들이 아기에게 끊임없이 주변 환경에 대해 이야기해주곤 하는 것이다. 처음에는 아기에게 말을 거는 것이 쑥스럽고 민망했는데 지금은 나도 꽤 수다스럽다. 대신 지나치게 길고 자세한 표현은 자칫 아이에게 스트레스를 줄 수 있다. 친절하게 설명할수록 아기는 오히려 그 반대로 알아듣는 경향이 있어서다. 그래서 '휴대폰 안돼!' '고양이 때리면 안돼!' 처럼 짧고 명확하게 말하는 게 좋다. 이걸 '유아어' 라고 한다. 원시인처럼 말해야 아이와 잘 통하는 법. 또 적극적인 사람이 외국어를 배울 때 바디랭귀지를 쓰는 것처럼, 손짓말을 하면 아기의 말도 더 빨리 는다. 지유는 물을 마시고 싶을 땐 냉장고 문을 여는 시늉을 하고 원하는 것이 있을 땐 손가락으로 가리키는 식으로 약간의 바디랭귀지를 사용한다.

보통 20개월이 되면 말문이 트여 거침없이 말을 쏟아내게 된다고 하는데, 꼭 그렇지만은 않다. 말 떼기가 아주 힘든 아기들도 있다. 일반적으로 완벽주의 성향을 가진 아기들이 그렇다. 외국어를 배울 때 듣기나 쓰기는 잘하면서 말하기는 좀처럼 꺼리는 사람들이 있는 것처럼, 완벽한 문장을 구사하기 전까지 말을 떼지 않는 아기들이 있는 것이다. 물론 말을 떼는 시기에 상관없이 세 살 생일을 맞이할 때쯤이면 아기들의 어휘력은 거의 비슷해지지만 말이다.

nov 02 지유 관찰기

나는 가끔 이 아이가 누굴 닮은 걸까 하고 골똘히 생각에 빠진다. 외모 말고 성격 말이다.
외모는 처음에는 눈이 크고 속눈썹이 길어서 주변 사람 모두 나를 쏙 빼닮았다고 입을 모았는데,
알고 보니 그것만 나를 닮았다. 눈매며, 눈썹 모양, 넓은 이마와 긴 인중 그리고 입술 생김새,
모든 게 다 아빠 얼굴 그대로이다. 머리숱 적은 것까지 말이다.
피부도 아빠를 닮았으면 좀더 희고 고왔을 텐데 하필 그건 또 왜 나를 닮았는지 모르겠다.
단 납작하고 작은 코는 서로 '나 아니거든' 하고 주장하고 있다.

시어머님은 지유가 어떤 날은 순한 아이라고 했다가 어떤 날은 다루기 힘든 아이라고 말씀하신다.
하지만 말을 잘 듣다가도 어느 순간에는 고집을 부리고(특히 기저귀 갈 때가 그렇다. 어떤 때는 순순히
응하다가 또 어떤 때는 입지 않겠다고 요리조리 도망을 다닌다), 즐겨먹던 음식도 어느 날 갑자기
먹지 않겠다고 변덕을 부리는 건 모두 성장 과정의 일부다. 그런 단편적인 행동만 가지고는 아이의
기질을 알 수가 없다. 기질 테스트를 해보면 지유는 모범생 아이에 가깝다. 신생아 때부터 육아책에
나온 발달 과정 그대로 맞추어 성장했다. 잠 문제만큼은 예민한 편에 속하지만 엄마 아빠 모두
시끄럽거나 낯선 환경에서 잠을 잘 이루지 못하는 기질임을 감안할 때 당연한 일일 수 있다.
그것만 빼면 돌보기도 쉽고, 사교적이며, 뭐든 직접 해봐야 직성이 풀릴 만큼 호기심이 강하다.
새로운 환경에도 잘 적응하는 편이다. 매일 할머니 댁을 오가며 생활하는 덕분인 것 같다.
지유가 어떤 기질을 타고났건, 나는 있는 그대로를 인정하고 받아들이려 노력할 작정이다.
생긴대로 사는 게 가장 잘 사는 방법, 결국 모두 자기 인생 아니겠는가.

nov 05 지유는 천재?

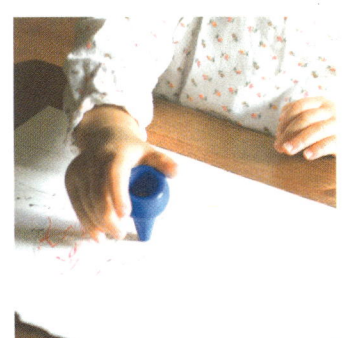

지유에게 크레용을 쥐어줬더니 도화지에 휘갈기며 제법 그림 그리는 흉내를 낸다. 불과 얼마 전까지만 해도 내리찍기밖에 할 줄 몰랐는데 말이다.

흥분을 감출 수가 없어 침대에 누워 시체놀이를 하고 있던 UG한테 그림을 들고가 보여줬다. 그랬더니, "완전 추상화네. 이거 봐봐. 인간은 날 때부터 창의적인 동물이라구. 그런데 부모들이, 아니 학교에서 하나같이 다 바보로 만들어놓는 거라니깐."이라며 자다 봉창 뜯는 소리만 한다.

UCLA 의과대학 교수인 하비 카프 박사가 쓴 육아책을 보면 500만 년에 걸친 인류의 진화 과정이 단 3년에 불과한 유아기 동안 되풀이된다는 재미난 이론이 담겨 있다. 두 살짜리 유아는 석기시대의 원시인과 매우 유사하며, 언어와 문제 해결 능력은 침팬지와 비슷한 점이 많다고 한다. 불안불안하게 걷고, 손으로 도구를 다루고, 공격적이고 충동적이며, 뜻 모를 언어를 사용하는 유아들을 관찰하다 보면 누구나 이 이야기에 동감할 것이다. 하지만 원숭이 지유 덕분에 난 오늘도 짜릿한 놀라움을 맛본다.

이제부터 하루에 한 장씩 그림을 그리게 해봐야겠다. 매일 달라지는 그림을 통해 동굴 벽화를 그리게 된 인간의 역사를 이해할 수 있을지도 모른다(진담이다).

note 13 생후 17개월
〔issue〕 눈부신 성장

· 바닥을 발로 구르면 자기도 따라하는 등, 사람들의 행동을 흉내 낸다.

· 공을 던져주면 뛰어가서 집어오고 또 던져 달라고 한다. 숨바꼭질도 좋아한다.

· 가져와, 제자리에 갖다놔, 집어주세요, 아빠 갖다주세요 등 많은 말을 알아듣고 행동에 옮긴다.

· 생각보다 많은 단어를 알고 있다. 사물마다 고유한 이름이 있다는 것을 이해한다.

· 누군가 칫솔질을 하면 자기도 달라고 한다. 혼자 이쪽저쪽 칫솔을 문지르며 이 닦는 시늉을 한다.

· 고양이들이 뒤엉켜 레슬링을 하면 중간에 끼어들어 혼내는 듯한 어조로 뭐라뭐라 소리를 친다.

· 고집이 점점 세진다. 옷을 갈아 입힐 때나 밖에 나가야 할 때 멀찌감치 떨어져서는 딴짓을 한다.

· 가끔 손바닥으로 얼굴을 때리는 공격적인 태도를 보인다. 그만하라고 하면 웃으면서 또 때린다.

· 배불리 먹고 나면 남은 음식을 엄마 아빠 입에 넣어준다.

· 만화영화를 보며 몹시 즐거워 한다. 때론 환호성을 지르고 큰 소리로 웃기도 한다.

· 혼자 놀며 '응' '아니야' 라는 말을 연습삼아 중얼거린다.

· 원하는 것을 곧바로 들어주지 않으면 난리를 치고 때론 우는 시늉을 하며 바닥에 드러눕는다.

· 엄마 아빠가 익살스러운 행동이나 표정을 하면 까르르 웃으며 즐거워한다.

오랜만에 육아책들을 들춰보았다. 아이가 잘 성장하고 있는지, 앞으로는 어떤 발달 사항을 보이게 될지 문득 궁금증이 생겨서다.

지유는 18개월을 눈앞에 두고 있다. 아기들에게 18개월은 인지와 언어 능력이 급격히 발달하는 시점이라 나는 지유를 볼 때마다 마음이 설레인다. 16개월에서 24개월 사이의 아기들은 대뇌의 많은 신경들이 서로 연결되면서 두뇌 영역이 확장된다. 18개월이 지나면서 우뇌의 성장이 마무리되고, 언어를 관장하는 좌뇌의 성장이 활발해진다. 기저귀를 떼는 연습도 이때부터 시작된다.

그래서인지 지유가 주변 사람들이 이야기하는 내용을 전보다 더 많이 알아듣는다. 아는 단어의 수도 하루가 다르게 늘어나고 있다. 게다가 벌써부터 자기가 옷을 입겠다고 고집을 부리고 고양이에게 먹이도 주려고 한다. 부엌을 열심히 기웃거리며 엄마의 행동을 똑같이 따라하려고 든다. 하지 말라는 행동을 하면서 엄마를 자극하고 깜찍한 속임수도 부릴 줄 알게 됐다.

이제 곧 엄마 아빠가 하는 말도 따라할 테고, 자의식이 더욱 강해지면서 너와 나를 구분하게 될 것이다. 엄마와 아빠가 독립적인 인간이라는 것을 파악하게 된다는 뜻이다. 그 시기가 되면 아이들의 사고는 완전히 '자기' 라는 단어로 요약된다고 한다. '내 것' 이라는 소유의식이 생겨 다른 사람이 자기 물건을 만지면 민감하게 반응하고 화를 내는 게 바로 그 때문이다. 미운 세 살이 시작된다는 뜻이기도 하다.

머지 않아 지유는 장난감을 살아 있는 대상인 양 대할 것이다. 그렇게 되면 인형놀이도 하고 상상의 세계로 들어가 줄거리를 지어내가며 소꿉놀이도 할 것이다. 그 모양을 보면 난 아마 침대에 쓰러져 얼굴을 파묻은 채 소리죽여 웃겠지. 시간감각이 생기면 엄마가 약속을 어긴다고 뾰로통하게 화도 낼 테고, 또 마구 휘갈기는 대신 동그랗게 엄마 아빠 얼굴을 그려내 가슴 한 켠이 뭉클해지게 만들 테지.

언젠가 이토록 큰 기쁨을 주어서, 너를 키울 수 있어서 고마웠다고 지유에게 꼭 말해주고 싶다.

nov 09　아빠와 딸

딸은 아빠가 좋은가 보다. 아빠가 늦도록 잠을 자고 있는 모습을 보면 '아, 오늘은 집에 있는 날이로구나' 하고 알아채고는 신바람이 나서 '아빠, 아바, 아파, 아파빠, 아푸아' 등등 오만 가지 발음으로 시끄럽게 아빠를 부른다. 그리곤 평소와 달리 수선스럽게 굴며 종일 아빠 뒤꽁무니만 따라다닌다. 아빠가 세수하면 구경하고 싶어 욕실 문을 열어 달라고 떼를 쓰고, 볼일을 볼 때도 소변이 포화선을 그리며 변기 속으로 떨어지는 광경을 진지하게 관찰하는 것이다.
얼마 전부터 지유는 기저귀를 갈 때마다 손으로 자기 생식기를 더듬어본다.
아빠랑 같이 욕조에 물을 받아 목욕할 때면 아빠 찌찌를 비틀어보고, 고추도 힘껏 잡아당겨본다. 그걸 보니 얼마 안 있으면 집에서 UG도 속옷 바람으로 돌아다니기 힘들어지겠구나 싶은 게 딸 낳기 참 잘했다는 생각이 든다.
지유는 뭔가 새로운 기술 하나를 익히면 가장 먼저 아빠에게 선보인다. UG가 감탄사를 연발하며 재미나게 반응하기 때문이다. 오늘은 지유가 아빠한테 블록쌓기 하는 모습을 보여주고 싶은지 블록이 가득 든 바구니를 낑낑대고 들고와 바닥에 쏟는다. "이제 블록쌓기도 해?" 하며 UG는 지유가 침착하고 유연하게 블록을 쌓는 걸 신기하다는 듯 지켜본다. 지유는 아빠 반응에 잔뜩 신이 나서 하나 쌓고 나면 먼저 손뼉을 치며 아빠에게 박수를 유도한다. UG 역시 바로 열화와 같은 박수로 답한다. 참으로 훈훈한 부녀가 아닐 수 없다.

nov 13   숟가락도 쑥쑥 자라요

처음 이유식을 시작할 때부터 줄곧 플라스틱 스푼을 사용해왔는데,
밥으로 바뀌면서 떠먹기 좋게 유아용 스테인레스 숟가락을 쥐어주었다.
그런데 아이가 하루가 다르게 쑥쑥 크다 보니 어제는 적당해 보이던
숟가락이 오늘은 작아 보이는 게 부지기수다.
처음에는 숟가락도 손가락 만했는데,
지금은 어른 숟가락도 입에 쏙 들어갈 만큼 자랐다.
세월 참 빠르다.

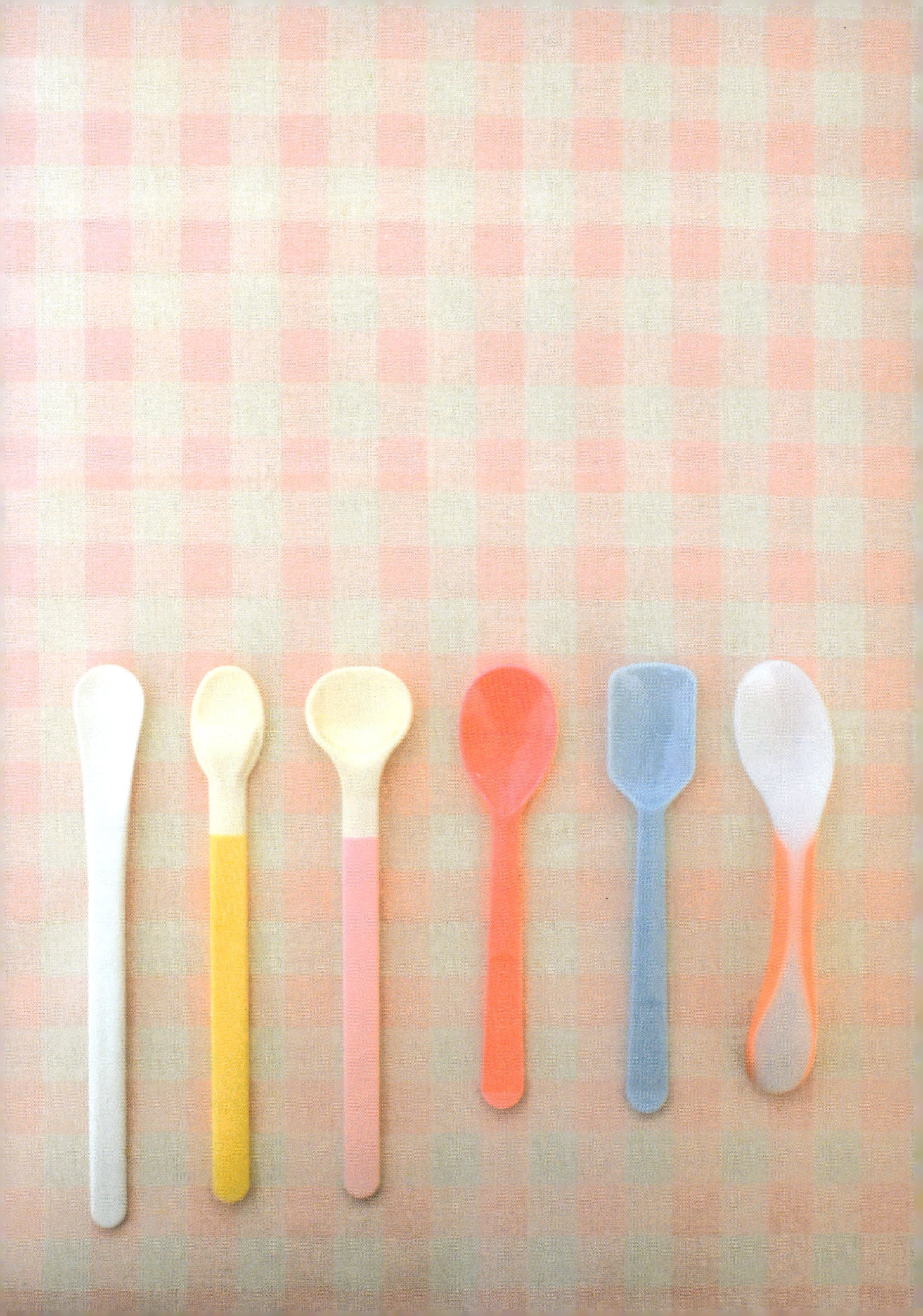

nov 15   토요일 아침의 주방놀이

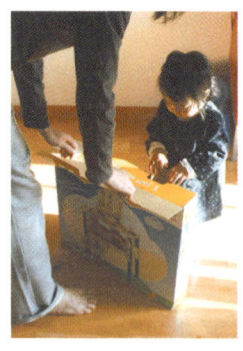

토요일 아침, 택배 아저씨가 지유 장난감을 가져왔다.
내가 부엌일을 할 때마다 씽크대 문을 열어제치고 안에 든 살림살이를 꺼내 갖고 노는 지유를 보면서
언젠가 주방놀이 세트를 하나 사줘야겠구나 마음먹고 있었는데, 마침 인터넷 카페에서
싸게 공동구입을 하기에 아직 이른 감은 있지만 미리 하나 장만한 것이다.
그런데 웬걸, 지유보다 UG가 신이 나서 자다 말고 뛰어나왔다.
그도 나 못지 않게 조립하는 걸 좋아하기 때문이다.
순식간에 조립과 세팅이 끝나고, 부녀가 마주 앉아 주방놀이 삼매경에 빠졌다.

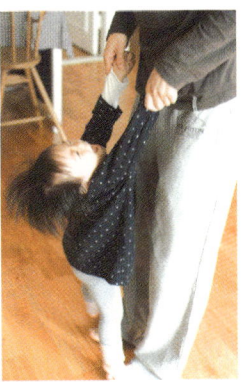

nov 20 천천히, 숨 고르기

1년 간 써온 칼럼 연재도 끝나고 책에 들어갈 원고도 드디어 마무리가 되었다.
일이 끝나면 하고 싶은 게 참 많았는데, 늘 그렇듯 아무 생각도 떠오르지 않는다.
아이하고 잔뜩 놀아줘야지 하는 생각도 했는데, 오늘도 일이 많은 척 지유를 할머니 댁으로 보냈다.
아직 청소가 덜 끝나서다. 나는 일을 시작하기 전과 다 끝난 후에 반드시 대청소를 한다.
어제도 그제도 하루종일 청소만 했다. 주로 눈에 보이지 않는 곳들, 베란다 다용도실 안,
씽크대 선반 속, 옷장 속, 책상 서랍 속 같은 곳들을 한바탕 솎아내야만 마음이 안정된다.
UG는 강박증 환자라며 빈정대지만 나에게는 새 일을 시작하기 위한 정화의식이라고 할까.
겨울옷 정리가 다 끝나갈 즈음, 미루어온 일 하나가 생각났다.
바로 와인 박스의 까칠까칠한 부분을 매끄럽게 사포질한 뒤 스테인 칠을 해 오크색으로
바꿔주는 일이다. 나무 색이 밝아 늘 신경에 거슬리던 참이었다.
DIY 전문 쇼핑몰에서 사포랑 수성 스테인 그리고 스폰지까지 세트로 주문해놓고
일이 끝나지 않아 한 달이 넘도록 택배박스를 풀어보지도 않았던 것이다.
쇼핑몰을 살펴보니까 게 저렴한 반제품 가구(내가 직접 조립하고 칠도 하는)도 팔고
내가 원하는 대로 만들 수 있게 목재를 재단해서 보내주기도 하는 것 같았다.
딱 재봉틀만 얹어놓을 작은 테이블도 있었으면 좋겠고, 지유 방에 긴 선반도 하나
달아주면 좋겠고, 생각해보니 이것저것 필요한 것도 많고, 만들어보고 싶은 것도 많았다.
저녁 때 퇴근한 UG에게 깨끗해진 와인 박스를 내보이며 "남편, 나 이제 시간도 많은데
이참에 가구나 만들어볼까?" 하고 수선을 피웠더니 "히야~ 그새 또 돈 쓸 궁리를 생각해냈어?
우리 못난이가." 라며 고개를 설레설레 내두른다.

Epilogue

원고를 마감하고 한숨 돌리던 차에, 문득 이웃들의 근황이 궁금해 블로그에 들어가보았다.
이웃들의 최근 소식을 보다 보니 오랜 이웃 하나가 얼마 전 딸을 낳고 쓴 출산 후기가 눈에 띄었다.
반가운 마음에 그간 올라온 그녀의 육아 일기를 꼼꼼히 읽어내려갔다.
그녀의 볼살 포동포동한 아기를 보니 당시 지유의 모습이 떠올라 입가에 환한 미소가 번졌다.
'아이를 낳아 돌보는 게 소꿉놀이 비슷한 것인 줄 알았다', '여자 인생의 가장 큰 전환점은
결혼이 아니라 출산과 육아다' 등의 대목을 보면서는 폭풍 같았던 출산 초반의 내 마음도 떠올랐다.
미리 연습이라도 해서 될 일이라면 참 좋으련만. 그녀도 나처럼 출산이 얼마나 충격적인 경험인지
알지 못한 채 그냥 엄마가 된 것이다.
이제 나에게 지난 1년 6개월 동안 겪은 수많은 고충은 그저 추억거리일 뿐이다. 그 시절을 겪고 나니
앞으로 찾아올 책임과 숱한 과제들도 별일이 아니게 여겨질 만큼 난 여유롭고 느긋해졌다.
아이가 주는 일상의 소소한 기쁨에 중독되어 버린 탓이다.
사실 엄마가 된다는 것이 얼마나 힘든 일인지, 직접 경험해보지 않고서는 누구도 모른다.
개인주의적이고 핵가족화된 오늘날의 세상에서는 더욱 그렇다.
아이의 탄생은 부부만의 평온한 일상을 송두리째 뒤흔드는 크나큰 사건이다. 아이의 존재는
삶의 미세한 부분까지도 완전히 새로운 형태로 바꿔놓는다. 때로는 놀라움과 경이로움에
탄성을 지르게 만들고, 혼란과 피로감에 빠져들게도 하며, 가슴 벅찬 기대감을 맛보게도 한다.
내가 아닌 다른 존재에게 이토록 깊이 몰두하고, 진지하게 관찰하고, 사랑을 줄 수 있다는 건
완전히 새로운 경험이다. 일생에 딱 한 번 맛볼 수 있는 존재 가치의 발견, 이전에는 상상하기
어려웠던 행복감을 맛보며 난 아이의 세상을 관찰하고 분석하고 기록하는 과정을 매우 즐겼다.
그러면서 다른 누군가에게도 아이의 세상이 경이롭게 느껴지지 않을까 하는 기대감도 조금씩 생겼다.
아, 아이 키우는 일엔 끝이 없다. 언제나 다음 편이 기다릴 뿐. 그래서 'To be Continued' 이다.
더불어 이 기록들이 소중한 내 딸에게도 특별한 선물이 되기를 바라는 마음이다.

Thanks to

아이를 키우며 읽은 책들
『우리 아이 주치의 소아과 구조대』『부모가 된다는 것』『베이비 위스퍼 1』『베이비 위스퍼 2』
『베이비 위스퍼 골드』『엄마 나는 자라고 있어요』『엄마, 나는 아직 뱃속이 그리워요』
『엄마, 나는 아직 침팬지에요』『엄마는 미친짓이다』『처음 만나는 우리아기 이유식』

자주 드나드는 육아 관련 사이트
맘스홀릭베이비 (cafe.naver.com/imsanbu.cafe) 아기와의 속삭임 (www.babywhisper.co.kr)
그림책이랑 놀아요 (cafe.naver.com/playpicturebook.cafe) 그림책 도서관 (picturebook-museum.com)

온라인 원단 구입처
모노크래프트앤리빙 (monocnl.com) 위드코튼 (withcotton.com)
핸드메이드 더복스 (theboks.com) 스케치 (sketch1993.co.kr)

UGUF 매일이 반짝반짝
ⓒ UGUF 2008

초판 인쇄 2008년 12월 10일
초판 발행 2008년 12월 17일

글·사진·디자인 | 박은희
펴낸이 | 정민영
기획 | 고미영 주상아
책임편집 | 주상아
마케팅 | 최정식 정상희 이숙재

펴낸곳 | (주)아트북스
출판등록 | 2001년 5월 18일 제406-2003-057호
브랜드 | 앨리스
주소 | 413-756 경기도 파주시 교하읍 문발리 파주출판도시 513-8
전화 | 031-955-8888 (관리부) | 031-955-2667 (편집부)
팩스 | 031-955-8855

ISBN 978-89-6196-026-7 13590

앨리스 는 (주)아트북스 출판 브랜드입니다.

이 책은 저작권법에 보호받는 저작물이므로 무단 전재와 무단 복제를 금합니다.
책의 내용을 이용하려면 반드시 저작권자와 (주)아트북스의 서면 동의를 받아야 합니다.

이 도서의 국립중앙도서관 출판시도서목록(CIP)은 e-CIP 홈페이지(www.nl.go.kr/cip.php)에서
이용하실 수 있습니다. (CIP 제어번호: CIP 2008003613)

이 책은 환경친화적인 콩기름 잉크로 인쇄하였습니다.